Chronologies du présent

Sylvain Lazarus

Chronologies du présent

En collaboration avec Claire Nioche

La fabrique
éditions

© **La Fabrique éditions, 2022**
ISBN : 978-235872-223-0

La Fabrique éditions
64, rue Rébeval
75019 Paris
lafabrique@lafabrique.fr
www.lafabrique.fr
Diffusion : Les Belles Lettres

Sommaire

Pour Vincent, Pierre et Suzanne

Préface. La question et le point

Je remercie vivement Eric Hazan d'accueillir ce livre dans sa maison d'édition. La perspective de publication a été l'occasion d'un patient travail sur le manuscrit de ce qui était initialement un cycle de six conférences données à Paris, de février à octobre 2018. Les conférences des chronologies du présent ont été prononcées avant le mouvement des Gilets jaunes. Ce qui s'est passé ensuite est venu confirmer, accentuer et aggraver les hypothèses et les questions posées en les inscrivant davantage encore dans le réel. Un des points obscurs de notre présent est que l'expérience de ces grandes mobilisations n'ouvre pas à une alternative en termes de pouvoir et ne tranche ni sur le parlementarisme ni sur ses échéances électorales.

Ce livre traite de notre condition politique présente. Sa question est : pour une politique du point des gens, quels sont aujourd'hui les possibles ? On trouvera dans ces pages une précision du contemporain qui s'éprouve et se renforce de sa différence d'avec ce qui a eu lieu. Les ruptures entre l'*ayant-lieu* et les *ayant-eu-lieu* portent ces chronologies du présent.

Depuis la guerre d'Algérie puis celle du Vietnam, Sylvain Lazarus est investi dans la politique qu'il appelle « du point des gens ». Même s'il a connu de l'intérieur les formes révolutionnaires de la politique et a participé à la fondation de deux organisations militantes, en regard du présent il me dit souvent « je suis un parmi d'autres ». Être un parmi d'autres, convoqué par l'état du monde, et ne pas faire jouer une exception au titre de ce que l'on a été, de ce que l'on a fait : voilà une antidémagogie, un dire-vrai qui n'est pas sans lien pour moi avec le courage de la vérité de Foucault. Mais la question de savoir *qui* parle se déplace rapidement vers celle du lieu où le propos s'enracine et s'argumente. Ce livre campe l'intellectualité de la politique rapportée à ses processus réels, à ses raisons d'usage. Le lieu en question est celui que dispose l'énoncé central de Sylvain Lazarus que, parfois, dans leurs termes, selon une logique créatrice de possibles, « les gens pensent ». Il s'appuie sur les mots des gens parce qu'à ses yeux ces mots portent leur pensée et leurs propositions sur les possibles du présent.

Comment l'interpellation du présent décide-t-elle de l'usage d'un travail de pensée et d'enquête mené antérieurement en d'autres circonstances ? Sylvain Lazarus dit souvent qu'une idée, dans la politique du point des gens, fait son temps, brûle vite, se consume ; elle sert, elle jette quelques clartés, puis elle n'est plus d'usage. Analyser les catégories antérieures, les formes historiquement données de la subjectivation, pour disposer ce à quoi nous sommes convoqués si on les déclare closes et inutilisables : c'est le travail qu'il appelle de *clôture* et de *saturation*. Les catégories ici déclarées en péremption sont la lutte des classes, le communisme, la révolution, l'organisation. Il nous engage ainsi à considérer comme clôturé et définitivement inutilisable le signifiant « communisme » en regard de ce qu'il appelle des expériences conclusives, non seulement celles de l'URSS et de la Chine, mais aussi celles du « prolétariat mondial » depuis la fin des années 1920. Une des conséquences du maintien impavide du signifiant « communisme » est l'obscurcissement de la question de l'État, alors subordonnée à celle du capital. Il soutient de plus qu'il existe une forme d'antériorité de la décision étatique sur la rationalité économique.

C'est en ayant assumé et posé en quoi les approches antérieures sont closes que Sylvain Lazarus déploie une mosaïque de *pas-pareil*, la multiplicité contemporaine des subjectivités juxtaposées qui n'ont plus de vecteur commun, ni idéologique ni organisationnel au sens ancien.

Par ailleurs, il y a cette dure école : la politique divise. J'ajouterai pour ma part que les différentes subjectivités sont en elles-mêmes politiquement divisées. Une division subjective dans le registre

11

politique se joue aussi entre le sujet et lui-même.
Comment être *en soi-même*, intérieurement, « à
distance de l'État » ? Vivre en tant que sujet du
pouvoir ne fournit pas à soi seul une vision alternative du pouvoir quand il s'agit de décider l'espace possible d'un subjectif à distance de l'État.

Sylvain Lazarus écrit souvent : *la question de*
la pensée, *la question de* la politique, *la question
de* l'État, du réel… C'est le signe que la polysémie du mot est là et qu'il faut l'affronter. S'il
s'agit de la question de l'État, c'est que l'État est
en question, que le champ de la polysémie est
ouvert et qu'il faut « suspendre la polysémie ».
La convocation, l'appel d'un mot n'en font pas un
objet mais d'abord l'enjeu de son usage. Je pense à
Wittgenstein. Lorsqu'un mot est « appelé », cela
prend la forme de la « question », et ce ne peut
être pour définir ou substantiver ; c'est dire que
cela existe comme ce qu'il faut encore tenter de
saisir dans une assignation singulière. Quand un
mot est appelé, c'est que son assignation singulière est ouverte et pas encore résolue.

Ce livre s'aventure plus avant sur la pensée
d'un « subjectif sans organisation ». Il cherche
ce qui nous permettrait, dans nos lieux différents,
de trouver des points d'articulation entre vérité,
sujets, pratiques. Ce qui peut circuler entre les
sujets, c'est aussi la vérité de chacun sur son rapport à l'État. Ce qui me préoccupe en écrivant
ce bref préambule, c'est la jeunesse et l'avenir ; la

jeunesse exposée à la mort et à l'absence d'avenir, sur fond d'absence d'histoire, d'une manière toute nouvelle. Il y a pourtant de nombreuses situations contemporaines porteuses et ouvertes. Je suis persuadée que dans leur rapport au présent et dans leur volonté d'en être, ces chronologies peuvent contribuer à des manières de *dire-vrai* inédites, qui se disent à plusieurs. Sylvain Lazarus ne croit pas à la transmission mais de nombreux militants et une jeune académie cosmopolite se sont emparés de son axiome[1], loin de toute logique étatique, que « les gens pensent ». Nous tenons à remercier Jean Bigiaoui, Jan Weise et Moritz Herrmann pour leur relecture exigeante et leurs suggestions.

Claire Nioche

I. Les deux classismes

1

Dans l'*Anthropologie du nom*, je soutenais que le temps n'existe pas[2]. Ce qui existe, pour l'enquête, ce sont des séquences, chacune inscrite dans une datation. Les séquences sont significatives et non le temps, parce que les séquences portent des investigations sur la pensée et sur l'espace de la politique comme *pensée*, qui quelquefois s'y donne à voir et à repérer comme politique « en intériorité ».

La question de la séquence pose immédiatement celle de sa *datation*, et la datation de la séquence engage sa *qualification politique*. Je suis souvent revenu sur les différentes datations de la Révolution française proposées par les historiens de la première moitié du xxᵉ siècle, certains la faisant courir de 1789 à 1794 (Albert Mathiez), certains de 1789 à 1799 (Georges Lefebvre), d'autres même de 1789 à 1804 (Alphonse Aulard)[3]. Chaque historien, par sa datation, propose une qualification de ce qu'il entend par « Révolution française » ou, pour employer une expression que j'ai introduite et qui a connu quelques contrefaçons, *de quoi la Révolution française est-elle le nom ?*

De quoi, dans ces dispositifs différents de datation, « révolution » est-il le nom ? Il est évident
que si je la date de 1792 à 1794 (Thermidor,
l'exécution des grands Jacobins), ce dont « révolution » est le nom ne peut pas être la même chose
que si on la fait se poursuivre jusqu'à Bonaparte
(1799), voire jusqu'à son sacre (1804).

La séquence est le laps où opère un mode, c'est-
à-dire l'invention spécifique d'une politique.
Ou encore la présence absolument singulière et
inouïe de quelque chose qui n'a jamais eu lieu
antérieurement et qui n'aura plus jamais lieu.
J'appelais cela un *mode historique de la politique en
intériorité*. Cela permettait de qualifier la séquence
(mode révolutionnaire, mode bolchevique, il y en
a d'autres) et d'en prononcer les bornes.

Je m'explique : la politique est ici assignée à
l'énoncé « les gens pensent ». C'est ce qui en fait
une politique en subjectivité, en intériorité. Elle
apparaît donc sous la forme d'un mode. Cette
politique en intériorité n'existe pas de façon
constante : elle est séquentielle, elle est rare et
précaire. Pour l'identifier, il faut mettre au jour
ce qui a été pensé et inventé dans la séquence. Un
mode de la politique ne peut être identifié qu'en
cherchant quelle pensée de la politique a été à
l'œuvre dans le mode. Cette pensée inventive est
celle des acteurs du mode et s'investit depuis les
lieux du nom. Le nom est en lui-même *innom-
mable*, et sa qualification se fait par l'investigation

de ses lieux : la Convention, les sociétés sans-culottes, l'armée de l'an II pour la Révolution française, par exemple. Quand un lieu cesse d'être, le mode est clos.

Pourquoi donner à la séquence un tel privilège sur le temps ? À mon sens, le temps est une invention des grands récits : Création, Genèse, début et fin des temps, répétition inlassable des calendriers : traversée de la mer Rouge, naissance et mort du Christ, du Prophète, etc. Le temps est aussi un constituant essentiel de la philosophie de l'Histoire, en particulier celle de Hegel. Il ouvre à la totalité et à l'unité. La dialectique a besoin du temps et cela culmine dans le matérialisme historique.

Aujourd'hui, ma question est autre. Il n'y a pas de politique en intériorité, pas d'existence de masse de lieux politiques « du point des gens », et donc pas de séquence ouverte dans sa singularité politique. Ce présent où la politique se cherche, c'est ce à quoi je tente de faire face avec ces chronologies du présent.

2

En 1902, au début de *L'État et la révolution*, Lénine écrit que l'État est la question centrale de la politique, dans la filiation directe de ce que Marx avait conclu de l'expérience de la Commune de Paris et de son écrasement en 1871 : il faut détruire l'État bourgeois.

Si l'État est, pour les marxistes, le produit du caractère inconciliable des contradictions de classes et de la domination d'une classe sur les autres, alors la destruction de l'État bourgeois est la condition de la perte du pouvoir de la classe bourgeoise. La condition de la disparition de la propriété privée et du capital est donc subordonnée à la destruction de l'État bourgeois. D'où la centralité de l'antagonisme, se déployant dans l'instauration d'un nouveau pouvoir : la dictature du prolétariat, seule forme de pouvoir alternatif à la dictature de la bourgeoisie. Le concept de dictature étant pour les marxistes, je le rappelle, l'expression de la nature même du pouvoir d'État : un pouvoir qui ne se partage pas entre les classes et qui, encore moins, se transmettrait d'une classe à une autre. Une fois au pouvoir, le prolétariat, selon Marx et Engels puis Lénine, en supprimant la propriété privée et la loi de la valeur, allait mettre fin aux classes, et donc ouvrir au dépérissement de l'État. C'est ce que l'expérience démentira : le parti dit « de classe » ayant pris le pouvoir est lui-même devenu l'organe dominant de l'État. Il a organisé la pérennité de celui-ci et nullement son dépérissement.

Pierre Clastres, ethnologue, spécialiste des Indiens Guayaki du Paraguay, auteur de *La Société contre l'État. Recherche d'anthropologie politique*[4], soutient quant à lui que c'est l'État qui crée les classes. Il articule classe et État dans une figure symétriquement opposée à celle de Lénine. Alors que Lénine affirme que ce sont les classes, sous la forme de leurs contradictions, qui créent l'État (« L'État est le produit de ce fait que les contradictions de classes sont inconciliables »), c'est pour Clastres l'État en tant que tel qui produit les classes.

L'État, dans son approche marxiste, a toujours véhiculé une problématique causale de ses origines : les contradictions de classes. La possibilité d'une société sans classes avait pour médiation la révolution prolétaire, la dictature provisoire du prolétariat, enfin le dépérissement de l'État. À l'origine des contradictions de classes se trouvait la propriété privée des moyens de production. C'est un dispositif causal où l'identification des *causes* de la genèse de l'État bourgeois permet inversement de théoriser les étapes de sa disparition. Je pense nécessaire de renoncer à une vision causaliste de l'État dont se déduiraient logiquement, inéluctablement, la voie politique de la destruction de l'État bourgeois puis le dépérissement de l'État prolétarien.

Cela entraîne une modification décisive de l'approche de l'État. La question n'est plus celle de sa disparition. Aujourd'hui, les catégories de révolution prolétaire et de communisme n'ont plus de crédibilité au regard de ce que j'appelle des *expériences conclusives*. L'expérience des États dits socialistes (URSS, Chine, Cuba…) est conclusive ; l'est, également, la disparition de la scène contemporaine de la classe ouvrière organisée *en tant que corps politique agissant*. Cela interroge sur ce que peut être aujourd'hui une politique du point des gens.

Pour analyser le présent, il faut rompre avec l'historicité révolutionnaire. Rompre avec l'idée du temps et de l'Histoire est une rupture majeure. Je le vis comme une rupture de l'intellectualité du sens.

3

Je propose d'appeler « classisme » la thèse suivante : existent dans la société moderne des classes qui sont en lutte (ouvriers/bourgeois, ouvriers/capitalistes). Appelons « classisme marxiste » ce que Marx théorise : le prolétariat, classe révolutionnaire moderne, est capable de défaire la bourgeoisie, de faire advenir la dictature du prolétariat et, avec la disparition de la propriété privée, d'instaurer une société sans classes, une société communiste. Existe aussi un classisme bourgeois théorisant également la lutte des classes, mais relevant bien sûr d'une tout autre finalité. J. M. Keynes, théoricien au XXe siècle du classisme bourgeois, a cette formule ramassée : « la lutte de classe me trouvera du côté de la bourgeoisie instruite[5] ».

Ces deux classismes sont déjà tout à fait explicites dans la fameuse lettre de Marx à Weydemeyer du 5 mars 1852, près de quatre ans après la publication du *Manifeste du Parti communiste*. Il y affirme qu'il n'est pas l'inventeur des classes ni de la lutte qu'elles se livrent ; des historiens et des économistes bourgeois l'ont établi bien avant, Smith, Ricardo, Augustin Thierry, Guizot, etc. Je cite :

> Maintenant, en ce qui me concerne, ce n'est pas à moi que revient le mérite d'avoir découvert l'existence des classes dans la société moderne, pas plus que la lutte qu'elles s'y livrent. Des historiens bourgeois avaient exposé bien avant moi l'évolution historique de cette lutte des classes et des économistes bourgeois en avaient décrit l'anatomie économique.
>
> Ce que j'ai apporté de nouveau, c'est :
> – de démontrer que l'existence des classes n'est liée qu'à des phases historiques déterminées du développement de la production ;
> – que la lutte des classes mène nécessairement à la dictature du prolétariat ;
> – que cette dictature elle-même ne représente qu'une transition vers l'abolition de toutes les classes et vers une société sans classes[6].

Ce qui me frappe, c'est l'enchaînement de propositions qualitativement disjointes, voire hétérogènes : la première s'appuie sur la structure des rapports sociaux de production, qui constituent les classes et les rapports entre elles ; la deuxième souligne la spécificité historique de l'époque industrielle moderne, et donc la spécificité du prolétariat comme classe et comme puissance à manier l'antagonisme. Or la dictature du prolétariat, contrairement aux autres dictatures de classes connues dans l'histoire, est affirmée n'être qu'une transition vers une société sans classes – registre de l'histoire à venir, ou plus exactement de sa fin, puisque disparaît, avec la société sans classes, la lutte de classes qui était le moteur de l'histoire[7].

Entre l'histoire passée (« l'histoire de toute société est l'histoire de la lutte des classes ») et la fin de l'histoire à venir (la société sans classes, la société communiste) est postulée une rupture totale d'historicité qui, on peut le dire aujourd'hui, n'a pas eu lieu. Cette rupture d'historicité n'a eu lieu ni dans l'expérience soviétique ni dans l'expérience chinoise. Pour autant je ne remets pas en cause le caractère décisif de ces expériences.

Il existe bien deux classismes, l'un prolétaire, l'autre bourgeois – tous deux développant une conception de la lutte des classes. Mais alors, qu'appelle-t-on « classes » ? C'est tout un débat. Un débat tout aussi crucial porte sur la catégorie de lutte. Qu'appelle-t-on « lutte » ? En regard de ces questions, j'interroge mon propre itinéraire sur ses catégories et son lexique politique. En 1969, quand nous avons créé l'UCF(ml), Union des communistes de France marxiste-léniniste, avec Natacha Michel, Alain Badiou et un certain nombre d'autres personnes, notre mot d'ordre fondateur « Remettre la question du parti aux mains des masses » était en effet une tout autre proposition que celle du *Manifeste*, qui dit : « Pratiquement, les communistes sont la fraction la plus résolue des partis ouvriers de tous les pays[8]. » C'était aussi une tout autre proposition que celle de Lénine soutenant dans *Que faire ?* qu'il fallait créer un parti de révolutionnaires professionnels.

Devant chaque événement majeur se pose la question de ce qui vient à être *clôturé* et de ce qui s'ouvre. Face à un grand événement, par exemple la chute de l'URSS, on se dit que quelque chose vient à finir. Mais qu'est-ce qui vient à finir ? Qu'est-ce qui finit dans cette fin ? Ce qui vient à être clôturé est une question qui se donne au présent, et qui ne cessera plus d'interroger.

Que ce soit sur Mai 68, que ce soit sur la chute du mur de Berlin, ou d'autres grands événements, entre ce que j'en dis aujourd'hui et ce que j'en disais antérieurement, il y a des ruptures, des changements – selon une exigence essentielle : ce sont les interrogations du présent, l'intellectualité qui se cherche dans le présent qui donnent sens à ce qui a eu lieu, et qui en exigent des relectures. On réexamine dans le même mouvement la séquence en cours et la séquentialité singulière de l'événement antérieur.

Ce qui a signé la fin du classisme marxiste, c'est la fin du prolétariat comme classe politique. Au retour de mes enquêtes ouvrières en Chine en 1989 et à Berlin lors de la chute du Mur, ensuite dans les pays de l'Est, les conclusions étaient que la propriété privée et la monnaie comme équivalent général avaient effectivement été abolies pendant un moment en URSS, en Chine, en RDA[9]. Mais dans chacun de ces cas l'État n'avait pas dépéri, bien au contraire. Dès lors, la thèse selon laquelle la clé de l'émancipation était, après la prise du pouvoir, de mettre fin à la propriété privée et par là au dispositif des classes, cette thèse s'est révélée inexacte. La question de l'État n'est réductible ni à la monnaie, ni à la propriété privée, ni à la loi de la valeur. Ces enquêtes m'avaient permis de soutenir qu'il y avait là *des expériences historiques conclusives*[10]. Cela, dans le contexte de l'effondrement de l'URSS et de la restauration du capitalisme en Chine. Le travail de clôture du classisme marxiste s'est poursuivi en France à partir de nos expériences politiques d'usine et de l'analyse, que nous faisions à l'Organisation politique[11], de la disparition dans la situation contemporaine du corps ouvrier comme corps politique *organisateur*. Ce qui ne voulait pas dire renoncer à la figure ouvrière et à sa capacité politique.

Je pense que nous n'en avons pas encore terminé avec cette procédure complexe de la péremption du classisme marxiste ; j'aimerais examiner également comment cette clôture nous donne aussi un éclairage nouveau sur la manière d'aborder aujourd'hui le classisme bourgeois. Autrement dit, qu'en est-il du classisme bourgeois en regard des questions ouvertes par la clôture du classisme marxiste ? Ce qui signe la disparition du classisme marxiste affecte-t-il le classisme bourgeois de l'intérieur de ses dispositifs propres ?

La fin du classisme marxiste et la disparition d'une capacité subjective et politique du prolétariat comme classe antagonique déstabilisent : dès lors qu'il n'existe plus que des différences sociales (aussi considérables soient-elles), et qu'il n'y a plus de classes dont l'antagonisme formerait l'espace de la politique, il est plus juste de parler de « classisme sociologique ». Le signifiant des « classes » sociales est maintenu (sous le rapport, par exemple, de la pure objectivité des salaires et de la propriété), mais le classisme n'est plus un discours de classe, il devient un discours étatique, champ et enjeu de la gestion gouvernementale des différences. L'antagonisme prolétaire ne structure plus l'espace politique, la notion d'avant-garde tombe, ou pour le moins la notion d'avant-garde se réclamant de la figure ouvrière et du communisme. La disparition de la capacité politique du prolétariat va de pair avec la transformation du classisme bourgeois en classisme étatique. Dans les formes immédiates des représentations fonctionnent des oppositions entre riches et pauvres, entre les nantis et le peuple, les protégés et ceux qui sont exposés, etc. Il y a une lecture courante des politiques étatiques selon un clivage entre « ça profite aux riches » et « c'est aux dépens des gens ».

Une question majeure est celle de l'adéquation de la pensée avec l'ordre du réel. Ces expériences (URSS, Chine, Partis communistes occidentaux…) sont conclusives et non pas contingentes ou provisoires. Si nous ne sommes plus dans l'espace de l'antagonisme bourgeoisie/prolétariat, comment formuler une politique du point des gens ?

II. Il y a du *pas-pareil*

Je préciserai ainsi ces chronologies du présent : accepter de se convoquer afin de faire face au présent, en formuler quelques exigences et pratiques.

Il y a dans l'*Anthropologie du nom* et dans quelques-uns de mes textes ultérieurs une problématique de l'homogène et de l'hétérogène, du multiple, des multiplicités homogènes et des multiplicités hétérogènes.

La question de l'hétérogène, je l'ai surtout assignée à la problématique de la totalité, du « tout déjà là » d'Althusser, par exemple, qu'il appelle aussi le « tout complexe[12] ». Il y a totalité hétérogène, à mes yeux, quand un seul nom désigne un ensemble composite et complexe.

Sont ainsi englobés sous un seul nom des réalités, des éléments disparates et distincts : par exemple la catégorie de société, d'ensemble social, d'infrastructures, de superstructures, les campagnes et les villes, les jeunes et les vieux… Toute totalité relève d'une nomination *unaire* qui la porte. Non seulement ce mot la porte, mais il en introduit l'intelligence possible, le mode d'investigation. À partir du moment où ce mot est utilisé pour désigner cette totalité complexe, les chemins de l'investigation sont tracés – ou du moins, certains chemins d'investigation sont délibérément écartés.

Le thème de l'homogène a, lui, pour source et enjeu cette hypothèse essentielle pour moi : investir le subjectif *à partir de lui-même*, et non comme produit des conditions matérielles d'existence, indexé à l'appartenance sociologique de classe, etc.

Si les gens pensent, l'opération de pensée des gens (au plus loin des opérations savantes et totalisantes de pensée) consiste dans un dispositif où le subjectif pense et où le subjectif est pensable à partir de lui-même. Le subjectif à partir de lui-même, c'est la qualité de l'homogène.

L'enjeu dans l'*Anthropologie du nom* était de sortir de la dialectique de l'objectif et du subjectif, de toute approche dialectique, y compris du matérialisme dialectique, pour penser ailleurs et autrement. De cette sortie de la dialectique, l'*Anthropologie du nom* a été pour moi le premier grand dispositif.

Quand une politique du point des gens existe avec ses mots et sa pensée, elle a aussi ses lieux, que j'appelais lieux du mode de la politique en intériorité. Empiriquement, ces lieux sont des entités organisationnelles différentes mais qui partagent et relèvent d'une même *inspiration* quant aux principes et aux tâches de la politique.

Exemple : les soviets, le parti bolchevique, la Garde rouge, comme les lieux du mode bolchevique de la politique. Autre exemple, dans le cadre du mode révolutionnaire de la politique, pour la Révolution française, je donnais comme lieux du mode : la Convention, les clubs et les sociétés sans-culottes, l'armée de l'An II, et je tenais la thèse qu'il s'agissait de lieux homogènes parce qu'ils partageaient une même inspiration quant aux principes et aux tâches de la politique. Mais la Convention, l'armée de l'An II… n'ont-ils pas aussi le statut de dispositifs étatiques ? Il n'en était pas fait mention dans l'*Anthropologie* du nom ; je prenais ces lieux exclusivement sous l'angle de l'homogène. Aujourd'hui je m'interroge, car ces lieux du nom portent aussi des dispositifs étatiques.

Cette tension entre l'inspiration politique qui donne son homogénéité au mode et la question de l'État a selon moi été traitée par Marx dans son analyse de la Commune de Paris, par la catégorie de dictature du prolétariat, c'est-à-dire un État qui n'en est plus tout à fait un, un « demi-État », précise Engels. Je dirai : un État inspiré d'ailleurs, un État sous la contrainte, sous la règle d'une inspiration non étatique, en l'occurrence le prolétariat et le peuple révolutionnaires. À mes yeux, le grand embarras de Marx sur la Révolution française, c'est qu'en termes de classe l'inspiration – soutient-il – en était *bourgeoise*, c'est-à-dire portant une nouvelle forme d'État oppressif et non

29

pas le dépérissement de l'État. Aujourd'hui, nous savons que le dépérissement de l'État sous l'inspiration poursuivie de la classe ouvrière après la prise du pouvoir est une hypothèse inexacte.

La question du rapport entre l'inspiration politique et l'État exige d'être posée en des termes nouveaux. C'est cela que j'ouvre en mettant en rapport mode de la politique en intériorité, lieux du mode, et la question de l'État.

Quand existe une multiplicité homogène des lieux du mode, qu'en est-il de l'État, totalité hétérogène, confrontée aux lieux du nom d'une politique en intériorité, c'est-à-dire une présence structurée d'un homogène ? Dira-t-on qu'alors l'homogène l'emporte, sans pour autant annuler l'existence d'une complexité hétérogène étatique ? Saint-Just dit bien, pendant la Convention, qu'« un peuple n'a qu'un ennemi dangereux, c'est son gouvernement[13] ».

Homogène et *hétérogène* ont été des appuis décisifs dans l'analyse des modes de la politique en intériorité et de la politique en extériorité. Ils ont encore leur usage, mais la situation actuelle ne dispose pour l'instant aucun espace de politique en intériorité.

En effet, dans mon expérience d'aujourd'hui, l'homogène, le subjectif n'ont pas de déploiement. Il n'y a pas de politique en intériorité, pas d'organisation d'une telle politique. Ce qui m'interroge, car la politique s'intriquait pour moi de façon constitutive à l'organisation. Je soutenais qu'il n'y a de politique qu'organisée, sachant que l'organisation peut prendre de nombreuses formes et pas seulement la forme « parti ».

Est-ce qu'aujourd'hui la question serait celle d'un *subjectif non organisé* ? Ce subjectif contemporain non organisé, est-il non organisé parce que ce qui organise n'est pas encore trouvé ? La question de l'organisation serait-elle alors devant nous ? Ou est-ce autre chose ?

Aujourd'hui la disposition de l'homogène et de l'hétérogène est absolument différente, avec pour conséquence que les deux énoncés « à distance de l'État » et « du point des gens » doivent être formulés dans des contenus nouveaux.

En regard des deux propositions fondatrices de l'*Anthropologie du nom* – les gens pensent, premier énoncé, et la pensée est rapport du réel, second énoncé –, mon propos ici est d'abord d'interroger le second énoncé : la pensée est rapport du réel, et plus particulièrement la catégorie de réel. Trancher sur ce dont il est question dans le réel, c'est aussi trancher sur comment on y accède. Comment on y accède détermine ce qu'on en dit, et ce qu'il y a à faire de ce qu'on en dit. Comment se formule, dans le champ de la politique en intériorité, qu'on accède au réel ? C'est une grande question.

Au fondement de la théorie de la connaissance du réel dans le matérialisme dialectique il y a la loi de l'unité des contraires, supposée régir le réel, et qui postule l'universalité de la contradiction – cela court d'Engels à Mao : tout est contradiction, tant les phénomènes de la nature que les phénomènes historiques, politiques et de la conscience ; cette universalité de la contradiction entre le matériel et le mental est fondamentalement un maniement de l'hétérogène. Puisque le ressort de la contradiction dans la dialectique matérialiste est de disposer une intelligibilité de termes hétérogènes, cela revient à dire que penser, c'est penser l'hétérogène : le matériel et le mental, les conditions sociales et les formes de conscience.

L'approche dialectique et matérialiste est la plus courante des sciences dites sociales. C'est une approche également en termes de mouvement, de processus historiques : connaître un phénomène social et politique, c'est le saisir dans son mouvement, dans ses effets, dans ses conséquences, dans ses états (état 1, état 2, état 3, le passage de l'un à l'autre, etc.) : approche que, pour faire court, j'appellerai déterministe et dynamique.

Je propose d'expérimenter une tout autre perspective que je résumerai ainsi : la dialectique matérialiste pose le mouvement historique comme travail de la contradiction. Mais *avant sa mise en mouvement*, je veux souligner qu'il y a les éléments hétérogènes que la dialectique théorise toujours déjà à partir de leurs rapports dans le mouvement. Je tente de constater ces éléments hétérogènes dans leur existence propre, de les réfléchir en tant que tels et non pas au travers des processus contradictoires. La formule minimale et certes pas académique du tout serait que ce par quoi il faut commencer dans l'ordre du réel est : *il y a du pas-pareil*.

Il y a donc du *pas-pareil*. Je voudrais aller le plus loin possible en regard de chaque élément « pas pareil », en ne commençant pas par l'investigation de leur rapport. La contradiction est un rapport ; la connaissance de la dialectique matérialiste se déploie dans et par le travail du rapport. Ces objets que la dialectique matérialiste met en mouvement sont déjà prédéterminés par l'approche dialectique du réel. Il est certain que le *pas-pareil* déploie une autre approche du réel, et donc de son intellectualité.

L'espace intellectuel du travail des contradictions est disciplinaire : cela s'appelle l'économie, l'histoire, les sciences sociales, les sciences politiques, etc. C'est très savant indiscutablement, et relève des experts et des sachants.

Si l'ordre du réel est l'ordre de la contradiction, alors la pensée du réel sera nécessairement toujours du côté des experts, des savants, de ceux qui détiennent le savoir auquel le pouvoir n'est pas étranger. Que le réel et la pensée soient de l'ordre de la contradiction est d'une grande technicité et d'une grande exigence rationnelle. Mais cela ne peut pas relever de la pensée des gens. C'est de l'intérieur de la proposition *les gens pensent* que se pose la question du réel dans l'énoncé *la pensée est rapport du réel*. Mon ancrage était la politique du point des gens : si *les gens pensaient*, il s'agissait d'une pensée de *la politique en intériorité*.

Je veux ici me démarquer du réel comme catégorie spécifiable, nommable, de type : Tout ce qui est réel est rationnel. Tout ce qui est rationnel est réel. Proposition de Hegel. Mais aussi, dans un tout autre registre, me démarquer de la complexité du réel chez Lacan, avec sa trilogie Réel, Symbolique et Imaginaire (RSI), qui se donne dans une investigation interne à la psychanalyse (Lacan : « la clinique est le réel en tant qu'il est impossible à supporter »).

Dans la proposition : *la pensée est rapport du réel* (chez les gens), la proposition problématique n'est pas que la pensée pense le réel : le réel est impensable. Il y a là une rupture avec la thèse d'une adéquation possible de la pensée et du réel. Chez Hegel, le réel est rationnel : il y a même une identité possible entre le réel et le rationnel. Dans le matérialisme historique dialectique aussi, la pensée peut penser le réel.

Ce n'est pas du tout ma position. Le réel n'est pas subordonné à sa rationalisation[14]. Je pense que le réel, en tant qu'objet, est impensable. Je pense qu'il y a des impensables : cela ne veut pas dire qu'on ne fait pas avec, ou qu'on ne fait pas face. Par exemple, je pense que l'État est un impensable, mais cela ne veut pas dire que la question de l'État ne soit pas majeure et incontournable. Le rapport des gens à l'État ne relève donc pas, dans mes termes, d'une théorie de l'État. C'est l'enjeu : que peut-on faire du point des gens et en subjectivité sur le registre du pouvoir ?

Je posais que la pensée des gens, quand elle existe, relève de l'homogène ; l'homogène était celui des lieux de la politique en intériorité, si bien que la recherche aujourd'hui est celle de ce que j'appelle *un subjectif sans lieu*. Subjectif sans lieu, sans organisation, qu'est-ce à dire ? Le moment de l'organisation advient quand, adossé au subjectif, le *faire face* à l'État peut se formuler et se prescrire. L'organisation du point des gens cristallise un subjectif propre aux gens, en intériorité, d'une capacité telle que peut s'y adosser un rapport à l'État.

Aujourd'hui, ce sont l'État et ses partis, les sociologues et les philosophes consultés par les médias qui argumentent dans l'espace de la contradiction, dans un mélange d'objectif et de subjectif, de considérations sur les niveaux sociaux, les cultures, l'origine nationale, la localisation géographique des habitats, le genre… Sans compter ce qu'on pourrait appeler les « objectivités contemporaines » : la communication, le net, la marchandise… j'en oublie. Dans ces espaces analytiques des contradictions et de la complexité inépuisable du réel[15], il n'y a rien de possible du côté des gens, qu'un ralliement ou une résignation à cet état de choses, et rien d'autre que l'acquiescement à une impuissance constitutive d'une capacité propre à y faire face. Le dispositif du travail de la contradiction comme ordre du réel, dispositif qui rend hégémonique cet ordre du réel, voilà l'assise et la consistance de ce que j'appelle *multiplicité hétérogène*. La question du rapport entre deux choses différentes est registrée à la question de la connaissance et de la science, à l'expertise, et finalement au pouvoir.

J'entends par *phénomènes majoritaires* ce qui, dans l'espace des phénomènes de subjectivité et de pratiques des gens, se constitue avec la fin de l'antagonisme de classes. Les phénomènes majoritaires sont paradoxalement unanimes et multiples, étatiquement compatibles. Il faut ainsi envisager de travailler de l'intérieur des phénomènes majoritaires. La question qui nous est posée aujourd'hui est celle-ci : comment envisager, de l'intérieur de ces phénomènes majoritaires, un travail qui conduise au subjectif du point des gens ? C'est la grande question : dans cette multiplicité hétérogène, *il y a* du subjectif. Le travail à mener est un travail d'enquête sur le nouveau, sur ces moments où des gens ne se contentent pas d'analyser les méfaits dont ils sont victimes et de faire le compte de toutes les promesses non tenues, mais où ils formulent une positivité propre, une pensée.

Après les attentats de 2015, nous avons formé à Grigny avec mon ami Amar Henni un groupe de gens face aux dévastations qu'avaient causé les attentats de *Charlie Hebdo* et de l'Hyper-cacher – ce dernier attentat ayant été commis par Amedy Coulibaly, ancien habitant de la Grande Borne de Grigny, que tout le monde connaissait. Nos interlocuteurs disaient : qu'un copain de cité devienne un tueur terroriste était « mentalement explosif », « cela dévaste la tête ». Or leur première réaction était d'affirmer que la religion n'avait rien à voir avec les attentats, que rien dans le Coran ne permettait de tels actes.

Ce que j'appelle enquête sur le nouveau est ce moment où, dans nos discussions, est apparu clairement que ni la religion ni l'État ne portent la proposition de paix entre les gens, mais au contraire attisent les tensions et les affrontements. La notion de paix entre les gens était à alors à constituer avec ceux pour qui c'était un bon principe, en reconnaissant que cette question de la paix entre les gens échappe et à l'espace de la religion et à celui de l'État.

Il faut rappeler que le slogan « Je suis Charlie », immédiatement repris comme une injonction d'État, stigmatisait bientôt les « anti-Charlie » créait des camps antinomiques : gens des cités ou des quartiers populaires, familles maghrébines, africaines ou moyen-orientales, présentées comme proches du trafic et de la délinquance dans le discours médiatique, et de l'autre côté, les bons, les Français. Dans cette conjoncture de l'horreur des meurtres, bien au-delà des dispositifs de police et de sécurité nécessaires, l'État a développé avec « Je suis Charlie » une machine de guerre et de propagande contre les gens des banlieues, et singulièrement les musulmans. On voit peut-être mieux ce que j'appelle enquête sur le nouveau dans cette situation particulière : à partir des propos du groupe de Grigny, dans lequel la position « le Coran n'a rien à voir avec les attentats » était un énoncé « majoritaire », d'unanimité (énoncé qui par ailleurs avait son pendant dans l'espace de l'État où se disait : « il ne faut pas faire d'amalgame »), nous sommes parvenus à disposer un processus de discussion dont le terme a été : ce qui peut nous unir, c'est la question de la paix entre les gens, on va travailler ensemble sur ce point.

Pour récapituler

Après la clôture du classisme marxiste, l'hypothèse de l'antagonisme comme puissance subjective et organisée du prolétariat, et l'hypothèse du dépérissement de l'État après l'abolition de la propriété privée, sont closes. S'ouvre la question qui domine aujourd'hui toute cette entreprise des chronologies : quelle peut être une politique du point des gens si l'antagonisme n'est plus convocable ? La péremption de l'antagonisme prolétaire met-elle fin à l'antagonisme de la bourgeoisie à l'endroit du peuple ? Je crois qu'il faut déplacer la question de l'antagonisme de la classe à l'État. Je tiens que l'État est antagonique à tout ce qui ne lui est pas soumis ni rallié. Ce n'est pas que l'antagonisme ait disparu du monde contemporain, c'est que l'antagonisme prolétariat/bourgeoisie ne peut plus être l'appui d'une politique.

Contrairement à Marx qui soutient que l'histoire de l'humanité est « l'histoire de luttes des classes », je prends la liberté de soutenir que l'histoire *de la domination* est une histoire de luttes des classes dominantes. L'antagonisme est inhérent à l'État, inhérent à la domination étatique, et non pas aux classes. Conséquence essentielle : à l'antagonisme étatique ne peut plus répondre un antagonisme populaire, sachant qu'il conduirait à un État lui-même antagonique, fût-ce d'une autre manière. Je suis persuadé qu'aujourd'hui il y a une connaissance forte du fait que si l'on prend l'État, si l'on accède au pouvoir d'État, on sera confronté à exercer la violence de l'État. Saint-Just soutenait que « l'art de gouverner n'a presque produit que des monstres[16] ».

J'ai toujours pensé que le Printemps tunisien s'était arrêté au lieu effectif des capacités populaires, c'est-à-dire chasser Ben Ali, dénoncer la corruption, demander la justice, la liberté, le respect ; et que pour autant ce n'était pas par impuissance qu'ils avaient laissé les partis revenir et les élections se tenir, mais parce qu'en réalité, pour l'instant, là où il y a puissance populaire, c'est sur des *principes* et non pas sur une alternative en termes d'État et de gouvernement. De fait, l'expérience des Gilets jaunes est à mon sens du même ordre. La situation, c'est qu'il y a de l'antagonisme étatique et que, simultanément, on ne peut pas faire face à l'antagonisme étatique au nom d'un autre antagonisme (prolétaire, par exemple) ni au nom d'un bon État.

Nous sommes appelés à une profonde refonte intellectuelle : trouver une politique qui, prenant acte de l'antagonisme de l'État à l'endroit des gens, s'alimente, du côté de la capacité populaire, d'autre chose que d'un antagonisme symétrique. Pour autant, il faut faire face à l'État tel qu'il est dans sa violence constitutive à l'endroit des gens.

La situation aujourd'hui est celle de la *dispersion*, parce qu'est obscur ce dont on pourrait parler ensemble. C'est le rapport des gens à eux-mêmes qui me mobilise. C'est à partir de ce point que le *faire face* à l'État peut être renouvelé.

III. Chronologies : les arches

Ce que j'appelle l'arche des révolutions va de la Révolution française (1792) aux années 1920 – dernier soubresaut de la révolution allemande.

Dans la filiation marxiste de la catégorie de révolution, la Révolution française a une place ambiguë. Elle est absente du cycle des révolutions référentielles, au titre de son caractère non prolétarien. C'est là ne pas prendre en compte la question de l'État dans l'expérience de la Révolution française.

Au moment de l'UCF(ml), dans les années 1970, je soutenais la réalité d'une « histoire idéologique mondiale » scandée par les révolutions prolétariennes du xxe siècle, Octobre et la Révolution culturelle : la présence d'un Parti communiste y était décisive. Dans les années 1980, du temps de l'Organisation politique, avec la catégorie de « mode historique de la politique », je donnais une place éminente à la Révolution française dans une approche non plus classiste ni marxiste ni léniniste de la politique, mais adossée à l'énoncé « les gens pensent » et à la possibilité d'une « politique en intériorité ». Je privilégiais les grands bouleversements où apparaissait un possible pour les masses, le peuple, ce que j'appelle aujourd'hui « les gens ».

Dans l'approche que je vais tenter ici, c'est *au travers de sa liaison organique avec l'État* que la révolution sera appréhendée.

L'arche de la révolution

Du point de la destruction systématique de l'État ancien et de l'invention d'une forme étatique nouvelle, la catégorie de révolution court de l'époque de la Révolution française aux années qui suivent la fin de la Première Guerre mondiale. Dès le début des années 1920, avec l'échec sanglant de la révolution allemande, des conseils ouvriers et la mise en place d'un État terroriste en Union soviétique, l'arche se clôt. Le communisme ouvrier et populaire est écrasé.

La dictature du prolétariat et la question du communisme étaient extrêmement présentes dans les organisations socialistes dont seront issus, par scissions, les partis communistes. Le Parti communiste bolchevique est créé en mars 1918, et le Parti communiste français au congrès de Tours en 1920. Le Parti communiste chinois est créé en 1921.

1920 : écrasement du communisme populaire ouvrier, et triomphe du communisme d'État en URSS. Si ce xxe siècle n'est pas celui de la révolution, *c'est celui des partis-États*.

J'avais abordé ce point du parti-État dans *Les Trois Régimes du siècle*[17]. Aujourd'hui, je dirais : le parti-État est contemporain de l'État sans révolution. C'est-à-dire d'un temps où la catégorie de révolution est close.

Je distingue donc deux grandes séquences, que j'appelle pour la première *arche de la révolution*, qui va de la fin du XVIIIe aux années 1920, et une seconde arche qui court de 1920 à aujourd'hui et que je nomme *arche des partis-États*. Pour moi, lesdites « révolutions » d'après 1920 relèvent de la séquence de l'arche des partis-États.

La « révolution » chinoise de la Longue Marche (1934-1935) est déjà un déplacement de la catégorie de révolution à celle de *guerre* révolutionnaire, qui se poursuit jusqu'à la création de la République populaire de Chine. Ce qui s'appelle « révolution » chinoise est donc une *guerre* révolutionnaire. Avec la « ligne » de la guerre prolongée et la création des bases rouges, la guerre révolutionnaire se distingue de la catégorie antérieure de la révolution qui pratiquait la destruction insurrectionnelle de l'État.

Quant à la Révolution culturelle, en particulier dans sa phase ouvrière, celle de la Commune de Shanghai (1966), elle a pour objectif de combattre la ligne bourgeoise dans le parti, ligne bourgeoise voulant la restauration du capitalisme et la fin de la dictature du prolétariat. La Grande Révolution culturelle prolétarienne

(GRCP) veut mettre en pratique, dans le Parti communiste chinois, une effectivité de la direction ouvrière, de la « direction prolétarienne » selon ses termes. La Révolution culturelle intervient au terme d'une longue lutte interne, commencée dès la prise du pouvoir en 1949. Elle se situe *dans* le parti-État[18], contre « l'orientation bourgeoise ». Son historicité est celle du parti-État. La GRCP a pour objet antagonique la ligne bourgeoise dans le parti : elle n'est donc pas anti-parti. C'est une gigantesque insurrection de redressement, de rectification idéologico-politique du parti-État, où les ouvriers et la jeunesse sont en première ligne, massivement ; et ils sont en première ligne des deux côtés, divisés en deux camps, celui de Mao Tsé-Toung et celui de Liou Chao-Chi.

Dans l'usage commun que l'on a du mot « révolution », toute insurrection de masse est une révolution. Ma thèse est qu'il y a des positivités historiques majeures qui ne relèvent pas du signifiant « révolution ». À moins de dire que révolte et puissance créatrice des gens ont comme signature, partout et toujours, le mot « révolution ». Je ne le pense pas. Les luttes de libération nationale et les guérillas ne relèvent pas non plus de la catégorie de révolution au sens où je l'entends, ce qui n'enlève rien à leur importance historique.

On ne peut d'aucune manière mettre la GRCP en perspective des révolutions du xviii^e

et du XIXe, ni de celle de 1917 ; celles-ci visaient la destruction de l'État. La Révolution culturelle ne se donne pas pour objectif la destruction du parti-État. Elle veut le rectifier, elle veut le refonder.

L'arche des révolutions conjoint donc État et révolution, sous la forme suivante : la révolution détruit l'État existant. Son rapport constitutif à lui est la destruction : destruction de la monarchie absolue en 1792, destruction de l'État bourgeois dans ses formes politiques, juridiques et économiques par la Commune de Paris en 1871, destruction radicale des structures tsaristes en 1917. *C'est cette destruction insurrectionnelle et populaire de l'État qui est le propre de l'arche des révolutions et qui l'identifie.* Je dis bien : destruction insurrectionnelle et populaire. Il y a révolution quand l'établissement d'une nouvelle forme d'État est subordonné à cette destruction, et articulé à cette destruction. Ce n'est pas la même chose lorsque des unités armées, fussent-elles de l'armée populaire, prennent le pouvoir et installent de nouveaux dispositifs de pouvoir et d'ordre social – comme en 1949 avec la fondation de la République populaire de Chine.

L'arche des partis-États

Après 1920, la catégorie de révolution comme destruction de l'État est épuisée. La question de l'État, dans la forme du parti-État, reste centrale et de plus en plus obscure, alors que la révolution au sens de la destruction insurrectionnelle et populaire de l'État n'est plus, de fait, ni référentielle ni effective.

Je voudrais signaler un point : du côté des marxistes révolutionnaires, le corpus théorique sur la question de l'État, celui d'Engels dans *L'Origine de la famille, de la propriété et de l'État* (1884), n'a été à mon sens renouvelé ni par Lénine ni par Mao Tsé-Toung.

Pour Engels, *l'État est le produit de ce fait que les contradictions de classes sont antagoniques.* En conséquence, la dictature du prolétariat, abolissant la propriété et les classes, fera dépérir tendanciellement l'État. Lénine bouleverse la théorie de la conscience spontanée avec sa proposition sur l'antagonisme (*Que faire ?* 1902), mais il reprend entièrement à son compte les propositions d'Engels dans *L'État et la révolution* (1917). Je pense qu'il n'y a eu, dans le marxisme léniniste, aucune novation théorique et problématique sur l'État depuis Engels. Althusser écrivait déjà :

> La théorie marxiste ne dit presque rien ni sur l'État, ni sur l'idéologie et les idéologies, ni sur la politique, ni sur les organisations de la lutte de classe (leur structure, leur fonctionnement). C'est un « point aveugle » qui témoigne sans doute des limites théoriques

auxquelles Marx s'est heurté, comme s'il était *paralysé* par la représentation bourgeoise de l'État, de la politique, etc., au point de la reproduire seulement sous une forme négative (critique de son caractère juridique). Point aveugle ou zone interdite, le résultat est le même. Et c'est important, car la tendance au communisme se trouve comme bloquée (ou inconsciente de soi) dans tout ce qui concerne ces « régions » ou ces problèmes[19].

Et Mao, me direz-vous ? Avec Mao, pourtant, il y a de grandes novations sur la notion de contradiction. Contradictions principales et secondaires, et contradictions au sein du peuple qui se résolvent par d'autres méthodes que celles, violentes et destructrices, des contradictions antagoniques. De même, contre Staline, Mao affirme la persistance de la lutte de classes dans le socialisme et au sein même du parti.

Pourquoi ne pas considérer ces novations comme une nouvelle théorie de l'État ? Parce que ce sont des novations majeures sur la théorie du parti *et non sur la théorie de l'État*; pour autant il s'agit bien d'un parti-État : un parti-État qui se retrouve au pouvoir après avoir dirigé victorieusement une guerre révolutionnaire. Le profil du parti-État chinois est profondément différent du parti-État soviétique. Les ruptures sont de deux ordres. La première rupture, c'est la confiance dans les masses, et ce que Mao appelle l'importance majeure de la ligne de masse : la thèse que « les masses ont un immense pouvoir d'enthousiasme pour le socialisme ». Ou encore : « les masses sont les véritables héros ». Quand, à l'initiative de Mao, le Parti communiste chinois décide de soutenir les guerres paysannes (*Pourquoi le pouvoir rouge peut-il exister en Chine ?* 1927), il y a prise en compte avec les paysans d'un autre sujet de l'histoire, qui n'est pas celui des insurrections urbaines, ouvrières, de la IIIe Internationale. La seconde rupture entre Mao et Staline est une vision de l'État issue de l'expérience des régions libérées – en particulier celle du Yennan – sur les « grandes différences » (rapports villes/campagnes, rapports entre travail manuel et travail intellectuel, rapports hommes/femmes), et cette idée qu'une politique progressiste travaille à réduire les grandes différences et non pas à les accentuer. Ces références nouvelles du Parti communiste chinois n'oblitèrent pas le fait que, à partir de 1949, c'est un parti-État.

Le fait est qu'on ne peut pas résoudre la question de l'État *par le parti* – ce qui a été la position léniniste, position avec laquelle la Révolution culturelle n'a pas réussi de césure stabilisée. L'essence du parti est celle du commandement, de l'autorité, et de la compétence.

Au sens strict, je parle de « parti-État » après la prise du pouvoir. Avant la prise du pouvoir, le

parti est subordonné à la puissance révolutionnaire des masses, il n'a pas le pouvoir d'État. Les
instances de masse, elles, sont nécessairement
territorialisées : que l'on pense aux sections sans-
culottes, aux clubs de la Commune de Paris, aux
soviets de Petrograd, de Moscou… La capacité
révolutionnaire de masse se trouve confrontée
aux formes territorialisées de son organisation.
Cependant, l'unité de commandement de type
parti ou quartier général révolutionnaire cherche
à s'imposer. Il faut une unité de commandement
pour l'insurrection ou la guerre populaire et une
structuration de cette unité de commandement.
La question de l'État se pose dès le début de l'insurrection comme de la guerre populaire. Cela va
de pair avec une direction unique qui peut devenir direction nationale.

À partir de 1920, avec la destruction des soviets,
le Parti communiste d'URSS s'approprie la question de l'État par l'alibi de la classe et l'alibi de
son caractère prolétarien de classe ; le parti détient
la ligne de la dictature du prolétariat, donc du
dépérissement de l'État. Le parti s'affirme expressif de la classe ouvrière en tant que prolétariat
révolutionnaire. L'identité de classe, incarnée,
expressive, dans les soviets, est alors accaparée
par l'espace du parti. Mao tentera de renouveler
« l'esprit » du parti avec les catégories de masses
et de ligne de masse, et de la poursuite de la lutte
des classes dans la dictature du prolétariat.

Clausewitz, dans un texte des années 1830, indique :

> Considérons encore que la notion d'État n'a passé dans la réalité qu'en des siècles récents, que le pouvoir suprême s'est renforcé et que les éléments distincts se sont regroupés en un tout, et nous comprendrons aisément que le rapprochement même des classes et leur rassemblement dans l'unité de l'État ont fait ressortir d'autant plus cette diversité des droits et des devoirs d'où naît la tension[20].

Ce qu'il faut souligner est que « tension », dans le texte, désigne la Révolution. État et révolution sont les catégories sous lesquelles la question du pouvoir central s'est posée avec et après la Révolution française.

Je pense qu'il faut réexaminer l'histoire du xxe siècle, de la France contemporaine, à la lumière de cette thèse de la péremption de la catégorie de la révolution avec la fin de l'arche des révolutions. Jusqu'à présent, l'approche progressiste de la question de l'État se formule encore à partir de ce que l'on considère comme des écarts, des ruptures, des déchirures quant au dispositif de l'ordre, de la domination, du commandement paradigmatique du pouvoir d'État. Mais *déchirure*, *écart*, *rupture* ne relèvent pas en eux-mêmes de « l'antagonisme avec l'ensemble de l'ordre politique et social existant » (Lénine) et la destruction de l'État n'est pas constitutive de ces processus d'écart, de rupture, de mobilisation, de mouvement, de révolte…

C'est patent en 1936, grand mouvement populaire qui n'a aucune ambition d'ordre révolutionnaire. Plus encore, je m'en suis souvent expliqué, le Front populaire a été un refus de faire face à l'historicité effective de l'année 1936, qui n'était pas celle des congés payés et des droits syndicaux (aussi légitimes et honorables que soient ces objectifs) mais bien celle de la guerre qui s'annonçait de toutes parts et était déjà effective en Espagne. J'ai toujours fait un lien entre 1936, où la question sociale vient occulter la question nationale, et l'invasion et le désastre national de l'exode de 1940.

En 1946, l'abandon par le PCF de la thèse de la destruction révolutionnaire de l'État, avec le passage pacifique au socialisme, consomme encore davantage la rupture essentielle avec le léninisme. Ce sont les salaires, les retraites, la protection sociale, les services publics… qui deviennent ses seuls référentiels. Ce sont ceux de l'ordre étatique, du parlementarisme de la IVe et de la Ve République.

Mais 1968 non plus n'est pas un rappel au réel de l'antagonisme radical qui exigerait la destruction violente de l'appareil d'État bourgeois.

Le communisme, ce spectre qui selon Marx et Engels hante l'Europe en 1848, la lutte de classe ouvrière menant à la disparition des classes et de l'État, c'est un ensemble de thèses, d'énoncés que l'on peut dire aujourd'hui inexacts. Octobre a eu lieu, le dépérissement de l'État, non, et le communisme, encore moins. Il y a à mon sens une double exigence. La première est de soumettre le marxisme-léninisme à ses propres propositions. *Le Manifeste*, 1848. *Que faire ?* 1902. *L'État et la révolution*, 1917. Plus d'un siècle a passé ; nous devons mettre les propositions du marxisme-léninisme à l'épreuve de l'expérience historique effective. La seconde exigence n'est pas de réfléchir sur ce qui aurait pu avoir lieu et qui n'a pas eu lieu, sur le mode « le processus a été mal mené mais il faut maintenir les mêmes hypothèses ». Il s'agit selon moi d'*expériences conclusives* : pourquoi est-ce conclusif ? L'enjeu n'est pas l'expérience qui a eu lieu mais le caractère utopique de l'idée qu'il faudrait réitérer la tentative dans les mêmes énoncés. C'est la réitération qui est utopique. Il n'est pas simple d'argumenter ce point parce qu'une expérience politique n'a rien d'une expérience scientifique. Au centre d'une expérience politique, la subjectivité d'une situation de masse offensive est toujours originale, inédite. Elle est une invention. L'inventivité des masses est l'élément déterminant. Le maoïsme peut être lu comme une prise en compte de l'inventivité des masses de l'intérieur du marxisme-léninisme, ce qui n'empêche pas à mon sens qu'il doit être clôturé. J'écrivais en 2008 :

> La clôture et la saturation du maoïsme est une entreprise absolument nécessaire à mon propos. Il faut ouvrir sur le maoïsme une opération comparable à ce que j'avais appelé le post-léninisme. Ce qui est en jeu, c'est une approche non classiste de la politique. Diviser Mao Tsé-Toung, le scinder entre la prescription politique et l'argumentaire philosophico-rationnel. Question complexe. J'ai souvent pensé, en le lisant, que Mao Tsé-Toung juxtaposait avec beaucoup de talent des prescriptions politiques d'une part, et des argumentaires de rationalité relevant du matérialisme et de la dialectique par ailleurs. C'est cela qui lui permettra pendant longtemps de citer Staline alors que ses décisions sont de toute évidence antinomiques à la vision stalinienne de la politique. On pourra objecter l'importance pour Mao lui-même de la philosophie dans la forme singulière de la philosophie marxiste. On pourra objecter encore qu'il y a chez Mao, affirmé par lui, un lien organique entre politique et matérialisme dialectique, appelé aussi philosophie.

Peut-il y avoir un argumentaire de la prescription qui soit dans la même langue, la même intellectualité que la prescription ? Ou bien le discours de présentation d'une politique est-il toujours en écart d'avec celui de la prescription, toujours d'un autre ordre ? Si nous ne sommes plus dans l'espace du matérialisme historique, quel est l'ordre de ce discours de la présentation de la rationalité de la prescription ? La rationalité d'exposition est un point d'appui de la rationalité d'organisation. Si le matérialisme historique était la rationalité d'exposition et de pédagogie de la prescription, il devient aussi une référence d'appui de la question de l'organisation. À cet égard, la question du post-maoïsme est entièrement celle du post-communisme. Il faut assumer la péremption politique du communisme et en avancer la saturation en s'adossant aux processus politiques actuels[21].

Aujourd'hui, quelques comités et quelques philosophes, poursuivant le terme « communisme », continuent impavides à en guetter les signes, à chercher les indices de la révolution, à annoncer pour demain ce que les révolutions du xxe siècle ont cherché et n'ont pas trouvé, et donc à annoncer pour demain ce qui aurait dû avoir lieu hier ou avant-hier, sans cependant dire pourquoi cela n'a pas eu lieu, ni même dire ce qui a eu lieu en lieu et place de ce qui devait avoir lieu.

L'exigence de se confronter à ce qui s'est réellement passé – en URSS et en Chine en particulier – est nécessaire et impérieuse. Je soutiens qu'il y a des expériences conclusives qui, à défaut de trancher sur le vrai, permettent de trancher sur le faux, sur l'inexact. Tout l'appareillage – classes, lutte de classes, dictature du prolétariat, dépérissement de l'État, communisme – s'effondre avec l'expérience de l'URSS et de la Chine.

Il ne s'agit évidemment pas pour moi de discréditer ce qui a eu lieu, de changer de camp, de se renier. Cette formidable et courageuse histoire révolutionnaire du xxᵉ siècle marque une étape décisive : la question de la liberté, de l'égalité, de la justice et de la paix. Liberté, égalité, justice et paix, déniées et combattues par les dispositifs étatiques existants, n'ont pas eu pour condition de possible les nouveaux espaces du communisme étatique issus de la révolution.

Si ce que je soutiens est fondé, comment aujourd'hui prendre position sur l'État, alors que nous n'avons plus à disposition la catégorie de révolution et l'ensemble des catégories marxistes ? Ce que je propose, c'est d'aborder la question de l'État *en regard du rapport des gens à l'État* : partir des points de rupture, des déchirures, ou des écarts à l'ordre mais aussi du ralliement ; non seulement de la dissidence, mais au aussi de l'acquiescement. Réfléchir pas seulement sur les troubles et les révoltes, mais sur cette réalité massive et prégnante de l'adéquation partielle des consciences avec l'ordre étatique.

Le vote est exemplaire : improbable, vu la connaissance exacte par tous de ce que sont les partis politiques, le personnel politique, les promesses électorales ; et cependant le vote a lieu. Ma thèse est la suivante : ça vote envers et contre tout, *parce qu'il faut de l'État*. Et s'il faut de l'État, beaucoup en concluent qu'il faut *en être*, ce qui est le point exact de l'adhésion. On a la liberté de dissocier les deux propositions : « il faut de l'État », ce qui n'engage pas le point qu'il faille « en être ». La formule courante de l'adhésion, c'est qu'il y a un droit à l'État de droit : la citoyenneté. Au fond, la citoyenneté, c'est affirmer qu'il faut de l'État et qu'il faut « en être » ; c'est affirmer en même temps que l'État est ordre et commandement, et qu'il faut se soumettre à l'ordre et au commandement parce qu'il faut de l'État.

Je reviens à la question de la révolution. Examinons ceci : *et si les révolutions avaient été des opportunités aléatoires ?*

Si l'on reçoit cette proposition, alors la question de l'État va se trouver déliée de celle de la révolution. La révolution et ses catégories ne sont plus l'analyseur de l'État, pas plus que la théorie de l'État n'est en mesure de rendre compte de la révolution. On voit bien alors que les notions marxistes ne peuvent plus être convoquées : classes, lutte de classes, dictature.

Donc, séparons : il y a la révolution comme opportunité, et puis il y a la question de l'État – y compris la question de l'État *telle qu'elle se donne dans cette opportunité singulière qu'est une révolution*.

Dans un de ses textes, Lénine donne une caractérisation de la révolution qui illustre la méthode *pragmatique* que je voudrais employer. Lénine, en 1920, soutient que la révolution, cela arrive quand ceux qui sont gouvernés ne veulent plus l'être, et ceux qui gouvernent ne le peuvent plus :

> Pour que la révolution ait lieu, il ne suffit pas que les masses exploitées et opprimées prennent conscience de l'impossibilité de vivre comme autrefois et réclament des changements. Pour que la révolution ait lieu, il faut que les exploiteurs ne puissent pas vivre et gouverner comme autrefois. C'est seulement lorsque « ceux d'en bas » ne veulent plus et que « ceux d'en haut » ne peuvent plus continuer de vivre à l'ancienne manière, c'est alors seulement que la révolution peut triompher[22].

C'est donc aussi une affaire de gouvernement, et de crise grave de gouvernement. Crise dans laquelle des figures inattendues surgissent ;

inattendues, et hétérogènes au dispositif étatique antérieur. La révolution serait donc *une opportunité aléatoire d'un autre gouvernement, dans la brèche de l'épuisement des formes antérieures de gouvernement.* Quand ceux qui sont gouvernés ne veulent plus l'être et quand ceux qui gouvernent ne le peuvent plus, une nouvelle forme de gouvernement apparaît, dont l'inspiration et l'assise sont renouvelées, de même que les fondements du pouvoir.

L'hypothèse des opportunités aléatoires engage à renoncer, à l'endroit du pouvoir d'État, non seulement au matérialisme historique, mais également à un rationalisme historique, et à toute vision philosophique du sens de l'Histoire. Disons dans le fil de cette approche pragmatique qu'il y a l'État et son pouvoir, et abandonnons toute théorie des origines de l'État et de ses fins. Le XVIIIe siècle a été fécond sur ce registre. Au XIXe siècle, le *Manifeste* communiste ajoutait à une théorie des *origines* (la lutte des classes) une théorie des fins, la société sans classes.

Faisons l'hypothèse du caractère non rationnel du pouvoir, qui relèverait de ce que j'appelle un *pragmatisme obscur.* Au pragmatisme obscur du pouvoir correspondraient d'autres pragmatismes populaires saisissant l'occasion d'une crise, d'une impuissance ou d'une errance du pouvoir, parfois sans que les acteurs – et ce point est important – sachent où mènent ces opportunités aléatoires ou ce qui en surgira.

En 1791, Saint-Just publie *L'Esprit de la Révolution et de la Constitution de France*. Après avoir soutenu dans l'avant-propos que « la Révolution de France n'est point le coup d'un moment, elle a ses causes, sa suite et son terme : c'est ce que j'ai essayé de développer[23] », il soutient dans le chapitre 1 que « les révolutions sont moins un accident des armes qu'un accident des lois[24] ». C'est la notion d'accident que je retiens. Saint-Just entend les lois au sens de Montesquieu dans *De l'esprit des lois*. Je peux donc soutenir que Saint-Just, parlant d'un accident des lois, parle en fait d'un accident de gouvernement. L'accident des lois est un accident de gouvernement dans la mesure où un gouvernement est investi à travers les lois : « tant il est vrai que les tyrans périssent par la faiblesse des lois qu'ils ont énervées[25] », écrit Saint-Just.

On peut admettre, pour revenir à la catégorie de révolution, que l'accident ouvre à l'aléatoire parce qu'il ouvre à un commencement obscur. Tocqueville, dans un texte de 1838, *État social et politique de la France avant et après 1789*, publié ensuite avec *L'Ancien Régime et la Révolution*, écrit :

> Il n'y eut jamais sans doute de révolution plus puissante, plus rapide, plus destructive et plus créatrice que la Révolution française [...]. Elle a réglé, coordonné, légalisé les effets d'une grande cause [Tocqueville

entend par là l'égalité, n.d.a.] plutôt qu'elle
n'a été cette cause elle-même.

Il ajoute plus loin :

> tout ce que la Révolution a fait, se fût fait, je
> n'en doute pas, sans elle ; elle n'a été qu'un
> procédé violent et rapide à l'aide duquel on a
> adapté l'état politique à l'état social, les faits
> aux idées, les lois aux mœurs[26].

Que devient la catégorie d'accident en regard des
thèses de Tocqueville ? À le lire, la Révolution elle-
même peut être considérée comme un accident
puisque « tout ce que la Révolution a fait, se fût
fait, je n'en doute pas, sans elle ». Plus précisément,
la Révolution « n'a été qu'un procédé violent et
rapide » d'adaptation. L'accident, c'est donc ici
la modalité violente de l'adaptation. La thèse de
l'opportunité aléatoire est une thèse antiperspecti-
viste et anhistorique, voire anti-historique.

La vision de Tocqueville est plus comparatiste,
puisque la question qu'il se pose est « mais pourquoi cette Révolution, partout préparée, partout menaçante, a-t-elle éclaté en France plutôt
qu'ailleurs[27] ? » On retrouve cette interrogation
dans un très beau texte de Clausewitz :

> Notre opinion est, par conséquent, que la
> Révolution française est née de deux causes

essentielles. La première est la tension entre états ou classes sociales, la situation très privilégiée de la noblesse, la grande dépendance, et on peut bien dire, en partie, la forte oppression de la classe paysanne ; la seconde est le désordre, le favoritisme et le gaspillage dans l'administration de ce gouvernement[28].

Où se trouve ici la catégorie d'accident, d'opportunité aléatoire ?

En France [...], les structures anciennes s'écroulèrent et pour toujours ; car une forme organique, une fois brisée, peut bien être replâtrée, on n'en fera jamais plus un tout organique. En outre, la masse brisa le spectre qui l'avait gouvernée d'une autorité tout arbitraire, et organisa une forme de gouvernement mixte. Il était plus facile de briser les structures anciennes déjà soumises à de fortes tensions que de créer une nouvelle forme de gouvernement, et il était prévisible qu'après une révolution violente, on allait tâtonner longuement et perdre plus d'une décennie à assimiler des concepts élémentaires avant que ne subsistât une forme de gouvernement apte à pousser quelques racines[29].

Ce que Clausewitz appelle le « long tâtonne-ment », c'est la séquence succédant à l'opportu-nité aléatoire de l'accident.

Au printemps 1917, Lénine est en Suisse, il n'est pas encore rentré en Russie. Dans une de ses inter-ventions, il dit – je cite de mémoire : « que va-t-il se passer en Russie ? Les soviets vont-ils garder le pouvoir ? La bourgeoisie va-t-elle l'emporter ? Le tsar va-t-il revenir ? » Il ajoute : « nul ne le sait, et nul ne peut le savoir ». C'est sur ce « nul ne peut le savoir » que je fonde la catégorie d'aléatoire, et ce que j'appelle le non-perspectivisme, l'anti-histori-cisme. Si la révolution de Février est un accident, ce à quoi elle ouvre est obscur, absolument.

Peut-on séparer révolution et État ?

Depuis longtemps, depuis la *politique en intério-rité*[30], j'ai proposé de séparer politique et révo-lution en soutenant que la péremption de la catégorie de révolution obligeait à déployer tout autrement la question de la politique.

En séparant révolution et État, avec la propo-sition d'opportunité aléatoire, j'essaie de séparer l'initiative et l'action de masse de leurs consé-quences quant à la question du pouvoir et de l'État. Je suis à la recherche d'une approche non finaliste : ne pas qualifier un événement ou une situation en regard uniquement de ses conséquences, mais essayer de l'identifier en soi-même. Dans une vision historiciste stricte, c'est impossible, parce qu'il est soutenu que c'est de leur succession que l'intelligence des événements se constitue : si toute action de masse importante a des effets sur l'État et déclenche des réactions, pour autant, on ne peut pas la réduire à ces effets étatiques. L'événement, l'impulsion de masse, les conjonctions improbables créent des situations qui soit se décrivent, soit s'appréhendent par leurs effets et leurs conséquences. Et c'est ce que j'appelle la vision historiciste, causale et finaliste au sens où tel mouvement sera écrasé et tel autre entraînera une chute des pouvoirs. Finaliste, au sens où c'est somme toute dans l'espace du pouvoir d'État que ce qui a eu lieu est dit retentir. Cette approche est intellectuellement puissante. C'est de l'Histoire, en tant que pensée-rapport de l'État. Face à cette histoire, pensée-rapport de l'État, on peut proposer une autre pensée, la pensée des gens.

Pour tenter de penser autrement que dans la vision historiciste, je propose l'hypothèse de la *non-réciprocité de l'antagonisme*. Le rapport du pouvoir d'État à ce qui lui est hétérogène est de type antagonique, il lui faut réduire ce qu'il considère comme hétérogène soit par la corruption, soit par la répression, soit par un mixte des deux. Le registre du pouvoir d'État face à ce qui lui est hétérogène est la violence : face à cela, que faire ?

Le marxisme soutenait que face à cette violence d'État, ayant statut de violence de classe, il fallait opposer une autre violence de classe, elle-même antagonique, la violence prolétarienne, dont l'issue stratégique était la destruction de l'État bourgeois. Cette hypothèse n'est plus valide dès lors qu'on assume la péremption de la catégorie de révolution. C'est précisément ce que je propose d'appeler la non-réciprocité de l'antagonisme.

Je considère comme acquis, aujourd'hui, que « révolution », au sens où ce mot a été entendu jusqu'au début du XXe siècle, n'a plus de consistance contemporaine. Que sa séquence est close. C'était une puissante forme d'intellectualité, une forme de subjectivité et de pratique de la politique. La politique est toujours séquentielle, propre à un temps. Et quand ce temps vient à être clôturé, les catégories, les référents, les logiques de la séquence sont également emportés dans cette clôture. Il ne s'agit pas de rayer l'ayant-eu-lieu. J'insiste sur ce point. Il ne s'agit pas non plus d'être sous sa règle intellectuelle et idéologique, mais de se donner les moyens d'être à jour en regard des caractéristiques et des exigences du présent. Machiavel conseillait au Prince de régler sa puissance d'agir « selon la qualité des temps ».

Révolution était la forme politique et historique trouvée pour traiter la question de l'État. La catégorie de révolution et toutes les pensées qui s'y sont inscrites articulaient conception de la politique et conception de l'État. Dans les années 1980-1990, quand la péremption de la catégorie de révolution est devenue à mes yeux incontournable, je me suis demandé si cette péremption entraînait avec elle la péremption de la catégorie de politique. Devait-on soutenir qu'il n'y a de politique que véhiculant une *théorie alternative* de l'État (dictature de la bourgeoisie/dictature du prolétariat) ? Une politique sans théorie alternative de l'État pouvait-elle être formulée ? Cette question est encore celle d'aujourd'hui. Est-il possible d'avoir une théorie de l'État qui ne relève pas d'une proposition sur le bon État ?

Comment ne pas être confiné, dans l'espace du parlementarisme, à la *critique* du parlementarisme ? Et, dans l'espace de l'État, à la critique de l'État ? Si l'on n'introduit pas une capacité subjective des gens, il n'y a pas d'issue à ces questions, il n'y a que des simulacres.

Était donc proposé dès les années 1980 un déplacement majeur que je crois toujours opératoire : passer du registre de l'État alternatif, voire du « bon État », à la question : que peut-il en être d'une politique qui cherche à se construire non pas dans l'espace de l'État mais dans celui de ce que j'ai appelé *du point des gens* et de leurs formes de subjectivité singulières ?

La rupture est d'importance parce qu'elle consiste, dans son geste essentiel, à fonder une politique sur *les capacités subjectives des gens* (quand ces capacités existent, car il ne s'agit pas d'un invariant, d'une permanence), ces capacités n'étant pas sous la règle de leur propos sur l'État, mais sous la règle de ce qu'il en est des possibles du côté des gens. Quand de telles capacités existent et prennent forme, elles *affrontent* l'État, non pas au titre de ce qu'elles porteraient une vision alternative de l'État, mais au titre de ce qu'elles portent des principes. Il ne s'agit donc nullement d'absenter la question de l'État, mais de prendre acte que l'on ne peut plus en faire la source et l'enjeu des formes de subjectivation du côté des gens. Et qu'il faut absolument énoncer des espaces subjectifs et politiques autres.

Que permettait la catégorie de révolution et qu'est-ce que sa péremption ne permet plus ? La catégorie de révolution créait sa propre séquentialité en termes de destruction du dispositif étatique. Avec la péremption de la révolution, n'y a-t-il plus d'opérateur sur le devenir de l'État qui soit l'indicateur de la puissance des masses, du peuple ?

Chapitre IV. Mai 68, la politique et l'histoire

Une grande événementialité invite-t-elle à de nouveaux repères dans le champ personnel de la *décision politique* ? La politique comme pensée est une décision. On est d'emblée dans la mêlée. La catégorie de décision implique le courage et la question du sens : à la fois principe et conviction en acte.

Les années qui précèdent 68 sont celles de l'extension de la guérilla en Amérique latine, de la Révolution culturelle chinoise, du soulèvement des Afro-Américains aux États-Unis et, dans beaucoup de pays, de la révolte de la jeunesse. En janvier 1968, c'est l'offensive du Têt à Saigon. Au niveau de l'opinion mondiale, la résistance victorieuse des Vietnamiens joue un rôle considérable. Pour beaucoup, la guerre des Vietnamiens contre les USA, première puissance militaire et économique mondiale, était une enthousiasmante leçon pour tous les peuples. Les Soviétiques, contrairement aux Chinois, se proposaient comme négociateurs de la paix au Vietnam, persuadés qu'ils étaient qu'il n'y aurait de paix que sous leur égide et celle des Américains. Au contraire, les Chinois soutenaient que « la guerre du peuple est invincible », qu'« un petit peuple qui compte sur ses propres forces peut en vaincre un grand ». Cette conjoncture a marqué l'atmosphère de Mai 68.

Je voudrais préciser en quoi la phase ouvrière de la Révolution culturelle chinoise a été, pour certains dont j'étais, une inspiration. C'était le possible renouvelé d'une initiative ouvrière, le retour de la lutte de classe prolétaire. Cela permettait de clore le stalinisme et de répondre à l'arrogance révisionniste de l'URSS. L'importance pour nous, militants, de cette séquence ouvrière de la Révolution culturelle tenait aussi à sa puissance libératoire d'avec la dictature du PCF et de la CGT. C'était même la possibilité, pensèrent certains pendant un court moment, d'un *syndicalisme prolétarien*, contre le syndicalisme monopolisé par la CGT[31]. C'était, autrement dit, l'espoir d'un retour de la lutte de classe prolétarienne, abandonnée par le PCF.

Notre rapport à l'expérience révolutionnaire chinoise a connu des temporalités successives. L'événement initial a été la rupture sino-soviétique en 1960 : cette scission du mouvement communiste international créait la situation nouvelle d'un multiple étatique et idéologique des voies du communisme. Cela mettait fin à la centralité arrogante et terroriste de l'hégémonie soviétique.

Il y avait eu un moment clé, anticipateur, sur lequel je suis souvent revenu : en Chine populaire, dans les années 1950, un débat sur la politique militaire opposait Peng Te Wai, qui affirmait que l'Armée rouge chinoise devait avoir pour modèle l'armée soviétique, à Mao et Lin Piao, qui soutenaient que l'Armée rouge devait être une *armée populaire de défense nationale*. Ce débat était articulé à des choix cruciaux sur l'industrie ; celle-ci devait-elle être indexée à la production de guerre (chars, avions, cuirassés de marine…) ou à l'agriculture ? La rupture sino-soviétique portait donc sur la construction du socialisme d'un point de vue idéologique : compter sur ses propres forces, compter sur l'inventivité des masses, poursuivre la lutte de classe dans le socialisme, y compris au sein du Parti communiste.

La scission du communisme international a eu, comme je le disais, un effet libératoire à l'encontre du PCF et de la CGT, ouvertement critiqués et rejetés. Dans un premier temps, cela se traduit par un retour au marxisme-léninisme, à l'instar des Chinois qui, critiquant le révisionnisme khrouchtchévien et sa politique de coexistence pacifique avec les USA, le taxaient d'avoir abandonné le marxisme-léninisme[32]. Ainsi, en France, le premier temps de la rupture sino-soviétique est celui du marxisme-léninisme, distinct de la phase qui suivra, celle du maoïsme à proprement parler. L'Union des jeunesses communistes (marxistes-léninistes), l'UJC(ml), est créée fin 1966. Elle prône une lutte de classe authentique, antagonique, prolétariat contre bourgeoisie et État bourgeois. Le thème critique principal à l'endroit du PCF et de la CGT était qu'ils avaient renoncé à la lutte prolétaire de classes à partir de l'abandon de la dictature du prolétariat au profit du passage pacifique au socialisme, annoncé dès 1946[33].

Parmi les initiatives de l'UJC(ml), j'en retiendrai quatre : la formation au marxisme-léninisme avec notamment la publication des *Cahiers marxistes-léninistes*, revue théorique ; le lancement d'une vaste enquête militante dans les campagnes en allant travailler avec les paysans pauvres ; la politique de l'établissement (des militants étudiants travaillant en usine pour organiser les ouvriers) ; et une ligne anti-impérialiste déclarée avec la création des Comités Vietnam de base[34] en 1967, mettant en avant les mots d'ordre des Vietnamiens : « Compter sur ses propres forces », « Un petit peuple peut en vaincre un grand », « La détermination à vaincre décide de tout ». Avec les Comités Vietnam de base se constitue un style de masse qui peu à peu va trouver sa base, au fur et à mesure que 68 approche, et surtout après 68, dans le maoïsme. Le maoïsme en France et ce qu'on appelle les *maos* désignent à mon sens un style singulier, très actif, très offensif, très idéologique, du travail militant de masse : la *ligne de masse* était une catégorie fondamentale du maoïsme. C'est une nouvelle figure des militants qui trouvera sa confirmation dans l'esprit et l'inspiration des grandes mobilisations de 1968.

De fait, le contexte international, les luttes de libération nationale ont ravivé et renouvelé l'espace de l'internationalisme prolétarien, ce que j'ai appelé alors une « nouvelle histoire idéologique mondiale ». C'était l'espoir d'un nouvel internationalisme après la fin de la IIIᵉ Internationale. Il y avait en particulier en France un refus et une indignation de la jeunesse progressiste face à l'alignement total du PCF sur la politique soviétique. Pour la jeunesse intellectuelle, ces questions étaient au premier plan. Pouvait-on sauver le marxisme et le léninisme du stalinisme, puis du révisionnisme ? Althusser, de son côté, proposa de repenser le marxisme après le stalinisme, mais tout en restant au PCF et en sacrifiant, à mon sens, la rupture léniniste.

La situation en France est marquée dès le début de l'année 1968 par des grèves ouvrières avec affrontements avec la police, et une mobilisation étudiante de grande ampleur et prolongée, singulièrement à l'université de Nanterre[35]. Des heurts très violents opposent groupes d'extrême gauche et groupes d'extrême droite, dans les universités et dans la rue.

Au mois d'avril, à Paris, au 44 rue de Rennes, en face de l'église Saint-Germain, se tenait une exposition de soutien au régime fantoche vietnamien organisée par Occident, une organisation d'extrême droite ; les Comités Vietnam de base l'ont prise d'assaut et l'ont saccagée. Là-dessus, les militants d'Occident ont décidé qu'ils allaient se venger, en particulier à Nanterre.

Nanterre est alors un lieu universitaire privilégié de l'agitation. Le 22 mars s'était déroulée une assemblée générale pour exiger la libération d'étudiants interpellés dans une manifestation pro-vietnamienne. Le 2 mai, l'université de Nanterre est fermée par décision du doyen et la police occupe le campus. Le 3 mai se tient à Paris, dans la cour de la Sorbonne, un meeting de protestation contre la fermeture de Nanterre. Une partie des étudiants de Nanterre, ne pouvant plus se réunir, décident de rejoindre la Sorbonne. L'après-midi, 1 500 policiers bloquent la Sorbonne. Ils y pénètrent, et contrairement aux négociations qui assuraient que les étudiants pourraient sortir libres ceux-ci sont arrêtés, matraqués et emmenés dans des cars de police. Dans le Quartier latin, les cars sont attaqués par d'autres étudiants rassemblés. Certains cars sont ouverts et les étudiants peuvent s'échapper. Il y a des affrontements, 70 policiers blessés, 600 arrestations. C'est un face-à-face violent, et il faut se rappeler que la police parisienne, à ce moment-là, c'est la police de la guerre d'Algérie. L'UNEF appelle à une grève générale et illimitée, avec comme mots d'ordre : « Libérez nos camarades », « Les flics hors du Quartier latin », « La Sorbonne aux étudiants ». Du 6 au 10 mai se succèdent de nombreuses manifestations. Le 7 mai, une manifestation rassemble

45 000 personnes, étudiants, lycéens, professeurs, mais aussi des employés, des chômeurs… Le 10 mai, Nanterre réouvre, et dans la soirée ce sont les barricades, la nuit des barricades du 10 au 11 mai au Quartier latin. Grâce aux transistors, « la nuit des barricades entre directement dans l'Histoire », écriront Alain Delale et Gilles Ragache, dix ans plus tard.

Le samedi 11 mai, une grande foule parcourt le Quartier latin. Pompidou, Premier ministre, prend la parole après un long silence et déclare que la Sorbonne sera réouverte le 13 mai. De fait, le 13 mai, la Sorbonne est réouverte et immédiatement occupée, la Faculté de médecine aussi. Il y a des manifestations partout en France, et souvent étudiants et ouvriers sont dans les mêmes défilés. Ce jour-là, à Paris, une grande manifestation réunit 170 000 personnes selon la police, un million selon les organisateurs. Une partie de la manifestation est encadrée par le service d'ordre de la CGT.

Le mardi 14 mai de Gaulle part en Roumanie, à Bucarest, pour un voyage officiel, et Pompidou est en charge du gouvernement. Les grèves ouvrières commencent. Il semblerait que la première démarre dans une usine métallurgique de Lorraine, l'usine Claas, où 500 métallos refusent de reprendre le travail : la grève générale est votée. Ils demandent :

– application d'un accord paritaire dans la métallurgie ;
– refonte de la grille des salaires ;
– amélioration des conditions de travail ;
– révision des normes de chronométrage.

Le point le plus important était sans doute celui de la révision des normes de chronométrage, c'est-à-dire des cadences de production. Les accords de Grenelle du 27 mai 1968 conclus entre les syndicats, le patronat et le gouvernement s'appuieront, eux, principalement sur les accords paritaires et la refonte des salaires, mais très peu sur les conditions de travail et encore moins sur les cadences.

À la fin de la journée du 14 mai, l'usine Sud-Aviation de Nantes est occupée, le directeur séquestré, pour « obtenir la satisfaction des revendications déposées antérieurement ». Les occupations s'étendent, usines, lieux universitaires et culturels.

Le 15, à l'initiative de jeunes ouvriers, l'usine de Renault-Cléon est occupée. Quatre revendications sont mises en avant :

– salaire minimum à mille francs ;
– abaissement progressif à 40 heures de la semaine de travail ;
– extension des libertés syndicales ;
– transformation en contrats définitifs des contrats provisoires d'une partie du personnel.

Du 15 au 20 mai, la grève se propage sur tout le territoire. De nombreuses usines sont occupées, notamment celles de la Régie Renault : Cléon, Flins, Sandouville, Le Mans, Boulogne-Billancourt. Le mouvement de grève gagne la SNCF, EDF, les PTT ainsi que de nombreuses entreprises du secteur secondaire et tertiaire, entraînant une « paralysie générale » du pays. Aux alentours du 21 mai, il y a 9 millions de grévistes : autrement dit, un salarié sur deux.

Alain Delale et Gilles Ragache écrivent :

> Ouvriers agricoles, petits paysans, étudiants, et lycéens sont infiniment plus nombreux qu'en 36 à soutenir le combat des ouvriers.
>
> Le peuple français connaît en 68 la plus grande grève de son histoire.
>
> En devenant massive la grève s'assagit. Minoritaire, elle était dure, majoritaire, elle se veut "responsable". Progressivement les mots d'ordre locaux s'uniformisent et les négociations vont se dérouler à Paris entre le patronat et les permanents syndicaux, éloignant les travailleurs de leurs propres revendications. La grève canalisée devient sage. Les confédérations reprennent la situation en main : elles font relâcher les cadres, accrocher des drapeaux tricolores à côté des rouges, et décrocher des mannequins expiatoires[36].

De nouvelles émeutes éclatent le 24 mai, à Lyon, Nantes, Paris, Strasbourg… Ce même jour, de Gaulle prend la parole :

> Tout le monde comprend, évidemment, quelle est la portée des actuels événements universitaires, puis sociaux. On y voit tous les signes qui démontrent la nécessité d'une mutation de notre société, et tout indique que cette mutation doit comporter une participation plus étendue de chacun à la marche et aux résultats de l'activité qui le concerne directement.
>
> Certes, dans la situation bouleversée d'aujourd'hui, le premier devoir de l'État, c'est d'assurer, en dépit de tout, l'existence élémentaire du pays, ainsi que l'ordre public.
>
> C'est la voie la plus directe et la plus démocratique possible : celle du référendum. Compte tenu de la situation tout à fait exceptionnelle où nous sommes, j'ai donc, sur la proposition du gouvernement, décidé de soumettre aux suffrages de la nation un projet de loi par lequel je lui demande de donner à l'État, et d'abord à son chef, un mandat pour la rénovation.

De Gaulle propose ainsi de centrer la nouvelle politique sur la *participation*. Pour cela, il a besoin d'un acquiescement populaire qui prendrait la forme d'un référendum. Finalement, il devra y renoncer.

Les accords de Grenelle, réunissant les syndicats, le patronat et le gouvernement, interviennent le 27 mai 1968. Le jour même, la CGT est désavouée sur ces accords par les ouvriers de Renault-Billancourt, pourtant bastion de la CGT. Les tensions s'exacerbent entre les ouvriers et les syndicats, il y a partout des accrochages des grévistes à l'encontre des cadres et des « jaunes ». Quelques usines et entreprises reprennent le travail, mais dans beaucoup d'autres les grévistes durcissent leurs positions. « La France se coupe progressivement en deux », remarquent Alain Delale et Gilles Ragache. Les forces de l'ordre interviennent avec une grande violence dans certaines usines.

Dans son discours du 30 mai, le ton de De Gaulle est tout à fait différent de celui sur la « participation ». Il dissout l'Assemblée nationale et appelle à faire face au « communisme totalitaire ». Je cite :

> Je dissous aujourd'hui l'Assemblée nationale.
>
> J'ai proposé au pays un référendum qui donnait aux citoyens l'occasion de prescrire une réforme profonde de notre économie et de notre université et en même temps de dire s'ils me gardaient leur confiance ou non par la seule voie acceptable, celle de la démocratie.

Je constate que la situation actuelle empêche matériellement qu'il y soit procédé, c'est pourquoi j'en diffère la date.

Quant aux élections législatives, elles auront lieu dans les délais prévus par la Constitution à moins qu'on entende bâillonner le peuple français tout entier en l'empêchant de s'exprimer en même temps qu'on l'empêche de vivre, par les mêmes moyens qu'on empêche les étudiants d'étudier, les enseignants d'enseigner, les travailleurs de travailler.

Ces moyens, ce sont l'intimidation, l'intoxication et la tyrannie exercées par des groupes organisés de longue main en conséquence et par un parti qui est une entreprise totalitaire, même s'il a déjà des rivaux à cet égard. [...] La France, en effet, est menacée de dictature. On veut la contraindre à se résigner à un pouvoir qui s'imposerait dans le désespoir national, lequel pouvoir serait alors évidemment et essentiellement celui du vainqueur, c'est-à-dire celui du communisme totalitaire.

Il est significatif de confronter ces deux discours. Dans les deux cas, de Gaulle fait une proposition étatique, institutionnelle et électorale : un référendum le 24 mai ; le 30 mai, dissolution de l'Assemblée nationale et convocation de nouvelles élections législatives. Le référendum est directement lié à l'exécutif présidentiel et à ses prérogatives. De Gaulle demandait au peuple un mandat pour la rénovation.

Devant la levée de boucliers contre la proposition de référendum, et compte tenu de la poursuite des mobilisations et manifestations, le 30 mai, c'est le système des partis et du parti gaulliste qui est mobilisé par de Gaulle pour sortir de la crise, et non plus les prérogatives présidentielles qui sont mises en avant. Les partis sont mobilisés pour cautionner les interventions policières, pour mettre fin aux occupations diverses, pour imposer la reprise du travail et se lancer dans la campagne électorale. La différence de tonalité entre les deux discours est stupéfiante. On passe de la participation au spectre de la guerre civile et de la menace du communisme totalitaire.

Cette semaine du 24 au 30 mai est déterminante. Quelques faits saillants : le 27 mai, conclusion des accords de Grenelle (syndicats, patronat, gouvernement), avec l'annonce d'une hausse de 35 % du salaire minimum. L'hypothèse gouvernementale et syndicale était que ces accords mettraient fin aux grèves ouvrières, et donc aux occupations d'usines. Or il n'en fut rien. Les accords sont massivement rejetés par les assemblées grévistes, comme je l'ai dit, y compris dans les usines où la CGT était très implantée – en particulier dans le secteur automobile.

Le second fait saillant est, le 29 mai, le voyage secret de De Gaulle en Allemagne pour rencontrer le général Massu, commandant des Forces françaises en Allemagne et ancien général de la guerre d'Algérie massivement impliqué dans les tortures et les exécutions tant des militants algériens que de leurs sympathisants français. Massu, assurant de Gaulle du soutien et de l'appui de l'armée, le convainc de rentrer en France et de prendre des mesures énergiques pour rétablir « l'ordre et la loi ».

Le reflux des grèves est pour l'essentiel postérieur au discours de De Gaulle du 30 mai et des manifestations gaullistes du même jour. En juin, là où le travail n'a pas repris, les usines sont encerclées par la police. Il y a de nombreuses situations de tensions et d'affrontements sur la reprise du travail entre grévistes et non-grévistes, et entre les grévistes et les forces de police et de gendarmerie, qui interviennent de plus en plus violemment.

Le 10 juin, Gilles Tautin, lycéen de dix-sept ans, membre de l'UJC(ml), meurt noyé dans la Seine, poursuivi par les gendarmes. Il participait au soutien des ouvriers grévistes de l'usine Renault à Flins. La police avait organisé de véritables chasses à l'homme dans toute la région contre tous ceux, jeunes en particulier, venus rallier les ouvriers et protéger l'usine Renault contre les interventions des forces de l'ordre et des « jaunes ».

Le 11 juin, à l'usine Peugeot de Sochaux, les Compagnies républicaines de sécurité (CRS) donnent l'assaut à l'usine occupée en tirant au fusil-mitrailleur. Pierre Beylot, ouvrier gréviste, est tué sur le coup. Henri Blanchet chute d'un mur après un tir de grenade et décède. Il y aura 150 blessés.

Je veux insister sur le dispositif de retour à l'ordre : négociations avec les syndicats, mobilisation des partis dans la perspective des élections, mobilisation du parti gaulliste et répression policière de plus en plus dure[37]. Les élections législatives, lors du second tour du 30 juin, donneront une majorité considérable au parti gaulliste.

Il y a deux soldes adverses de 68 : celui de la jeunesse, des grévistes et des mouvements populaires d'un côté, de l'autre celui des étatistes, gaullistes, communistes et autres partis, tenants de l'exclusivité du pouvoir par l'État et ses différents appareils.

Parler de Mai 68, c'est non seulement parler des faits, mais aussi parler de l'intellectualité de la politique. Comment faire cela aujourd'hui, plus de cinquante ans après ?

J'ai participé à Mai 68. Mais raconter ce que je faisais en 68, j'en suis incapable, même si je peux parler de quelques souvenirs, de quelques anecdotes : situations drôles, situations heureuses, d'autres graves, moments tragiques, situations violentes et cruelles. Mai 68, pour moi, ce n'est pas une question de mémoire, c'est une question d'intellectualité de la politique.

Je propose une distinction entre *l'ayant-lieu* et *l'ayant-eu-lieu*, deux catégories qui ne se superposent pas avec présent et passé, même si cela les convoque. En insistant sur l'intellectualité du présent, il ne s'agit pas simplement de réfléchir ou de dire comment on pense le présent, mais plus encore comment, *dans le présent, dans l'ayant-lieu*, on pense la politique. Et comment, en regard de cette pensée de la politique que l'on a au présent, on analyse, on formule quelque chose sur *l'ayant-eu-lieu*, sur telle ou telle situation antérieure. J'insiste : c'est à partir de l'ayant-lieu que s'énonce l'intellectualité de l'ayant-eu-lieu. En d'autres termes, c'est en regard des conceptions que les uns et les autres avons sur la politique aujourd'hui, comment nous la pensons ou nous tentons de le faire, que s'énonce ce que nous disons de la politique en 1968.

Il existe aujourd'hui un nombre significatif de publications, en particulier de la jeune génération des historiens. Ils sont certes très érudits sur 68 mais au nom de la sociologie, du culturalisme, de la question des genres, de la révolution des mœurs, ils absentent largement à mes yeux la question de savoir ce qui s'y passe et de ce qui s'y joue politiquement.

C'est à partir de l'intellectualité de l'ayant-lieu, du présent, que ce que l'on dit sur 68 s'énonce.

M'appliquant cela, je suis convoqué à ce que j'ai pu dire de 68 à trois moments antérieurs où j'ai pris position. Cela illustre combien ces prises de position étaient déployées à partir de ce qui à chaque époque était ma problématique de la politique et de ses catégories d'intellectualité.

Voici ces trois moments.

En 1969, avec Natacha Michel, Alain Badiou et quelques autres, nous décidons de créer une nouvelle organisation marxiste-léniniste, l'UCF(ml), explicitement adossée à une lecture de 68 et à l'expérience de la Révolution culturelle chinoise, singulièrement dans sa phase ouvrière : la Commune de Shangaï en 1966 représente une référence majeure de la capacité politique ouvrière.

Le mot d'ordre de la fondation de l'UCF(ml) était « Remettre la question du parti aux mains des masses ». Proposition très caractéristique de la rupture avec l'avant-gardisme : certes, la nécessité du parti était maintenue, mais nous bouleversions le léninisme sur le fait qu'il fallait que la question du parti soit délibérément *ouverte*, pour être construite avec des ouvriers et des paysans. Je pense que « parti » était encore le nom, à l'époque, de la consistance même de la politique et de son organisation. Il portait ce qu'on appelait encore « le point de vue d'ensemble » et « l'idéologie prolétarienne ». « Remettre la question du parti aux mains des masses » présente en même temps un élément de pragmatisme. Car la question de la politique se joue aussi dans le réel, en regard de ce que les gens acceptent d'en faire ou pas, de ce que les ouvriers en déploient ou pas, de ce que la jeunesse en formule ou pas. Ce sont les masses qui décident : de quoi décident-elles ?

Dans la création de l'UCF(ml), l'inspiration restait classiste : le prolétariat, les ouvriers, dans l'hypothèse encore tenue qu'ils étaient porteurs d'une puissance politique et subjective en mesure de rallier l'ensemble du peuple. D'un côté, le maintien de l'hypothèse de la capacité politique ouvrière, de l'autre côté, la recherche d'un mode de construction d'un parti de type nouveau dans son rapport aux masses.

Ce qui peut sembler exorbitant de prétention dans cet appel aux marxistes-léninistes authentiques pour un parti de type nouveau était un moyen de toucher au noyau de la politique comme champ propre. Le fait d'avoir insisté sur un parti de type nouveau, plutôt que sur les « luttes[38] », a obligé à tenir un certain niveau d'intellectualité de la politique en l'éprouvant aux expériences réelles et au devenir réel des choses. Les « luttes » n'échappent pas aux grandes questions d'intellectualité de la politique que sont l'inventivité des masses et leur rapport au pouvoir. Deux références, du point de vue de cette intellectualité, sont sans issue : les luttes et le grand soir, et celle des élections.

Quinze ans plus tard, à l'UCF(ml) succède l'Organisation politique et la référence au parti disparaît. Les *masses* deviendront les *gens* à travers « la politique du point des gens ». En 1981, après l'arrivée de Mitterrand au pouvoir, nous mettons fin à l'UCF(ml) et nous créons l'Organisation politique, en 1985, qui clôture le classisme, le léninisme, et se propose de tenir en politique la figure ouvrière *sur autre chose que l'appui de la classe*, de la lutte des classes, de la dictature du prolétariat, du communisme. S'ouvrait la période où *figure ouvrière*, où *ouvrier* n'est plus en doublet avec la *classe* et la problématique marxiste, mais en doublet avec *usine*, avec le mot d'ordre insolite mais très opératoire dans les faits : « À l'usine, il y a l'ouvrier », c'est l'ouvrier qui compte l'ouvrier, et qui décide de ce qu'il entend faire et ne pas faire avec ce mot, politiquement, dans l'espace de l'usine. Cela a donné, dans le cadre de l'Organisation politique, la politique des noyaux ouvriers d'usines, et une série de situations de masse tout à fait significatives.

Mon second propos sur 68 est dans l'*Anthropologie du nom* en 1996[39]. J'y écrivais :

> L'anthropologie du nom, qui traite de la pensée, de la politique, du nom, est pour moi la réponse enfin identifiable à la césure intellectuelle de 1968. Comme beaucoup de gens de ma génération, l'année 68 constitue

une césure, au sens où une grande événementialité interroge, parfois sur une longue
période, et sur ce qu'elle clôt et sur ce qui
s'ouvre avec elle ou après elle. Il m'a fallu
un long itinéraire pour répondre à cette
question[40].

L'*Anthropologie du nom* a pour interrogation
majeure : en politique, qu'est-il possible de faire
avec les énoncés *les gens pensent* et *la pensée rapport du réel* ? J'y développe une critique sévère de
ce que j'appelle l'idéologisme et le mouvemen-
tisme, c'est-à-dire un certain nombre de formes
politiques qui se sont déployées dans les années
qui ont suivi 1968, et qui finalement ont rallié le
mitterrandisme.

En 2008 je rédige avec Claire Nioche un
texte sur 68, dont l'enjeu réel n'est nullement le
40e anniversaire mais la clôture de l'Organisation
politique[41]. Cette clôture ne mettait pas en cause
le bien-fondé de ce clivage essentiel entre politique du point des gens et politique du point de
l'État, mais elle était issue du constat qu'il n'y
avait plus d'assise de masse de notre politique
du point des gens, singulièrement de la part
des ouvriers sans papiers des foyers. La fin de
l'UCF(ml) avait tranché sur la fin du parti. La fin
de l'Organisation politique tranchait sur quoi ?

Mon appui politique en 2008 pour aborder 68
est le clivage entre politique *du point des gens* et

politique *du point de l'État*, et une relecture de la figure ouvrière en 68. Ce texte de 2008 soutient une positivité incontestable de 68, et argumente que ce qui s'y passe est au plus loin de la catégorie de la révolution : cela s'inscrit dans une révolte immense et *inspirée* contre la rigidité conservatrice et policière du gaullisme et le caporalisme bureaucratique et brutal du PCF.

Ce petit livre revenait longuement sur le mot « ouvrier », et je soutenais l'idée qu'ouvrier ne prend son sens qu'avec la politique, et non l'économie ou l'histoire. « Ouvrier » ne prend sens que de l'intérieur d'une conception de la politique, car c'est la politique qui prescrit « ouvrier » et non pas le contraire. Par exemple, pour le PCF et la CGT, le mouvement de Mai en regard des ouvriers des usines a pour nom « grande grève ». Au contraire, pour les groupes militants d'extrême gauche, Mai 68 marque un décrochement d'une fraction ouvrière de la domination du PCF. Le PCF et la CGT entendaient poursuivre les négociations pour le programme commun de gouvernement entre le PCF et la SFIO ; renforcer la CGT ; combattre avec la plus grande virulence et par n'importe quels moyens le « gauchisme », en particulier dans les usines. C'est ce qui amènera la CGT et le PCF à soutenir que Pierre Overney, ancien ouvrier de Renault et militant maoïste, tué en février 1972 par un vigile à la porte de Renault-Billancourt, était un agent du ministère de l'Intérieur. En contrepoint, les dizaines de milliers de personnes qui suivaient son enterrement au Père-Lachaise scandaient « PCF, menteur, complice des tueurs ». L'époque était donc celle d'un combat sans merci de la CGT à l'égard des militants révolutionnaires. À la suite du meurtre d'Overney, j'y reviens, c'est la CGT qui avait signalé à la maîtrise de Renault les militants du comité de base, que la maîtrise était venue chercher dans les chaînes et avait remis aux portes de l'usine aux forces de police. De toute évidence, pour la CGT « ouvrier » n'était pas une catégorie générale : il ne suffisait pas d'être à la chaîne pour être traité comme tel ; la question du rapport à la CGT était décisif pour savoir qui elle *comptait comme ouvrier* et qui elle rejetait de ce compte. Il faut dire qu'il en était de même pour les groupes révolutionnaires. Appartenir à l'ensemble ouvrier, en leur sens aussi, relevait d'un choix politique, d'un engagement organisé. « Ouvrier » seul n'a pas de disposition politique propre, n'existe donc pas comme déjà-là pour la politique. « Ouvrier » n'existe que porté par une prescription. Il en est de même du thème de l'unité ouvrière : tout dépend de la prescription. Il n'est pas sans importance de rappeler ce point. Dans les faits, subordonner l'usage du mot « ouvrier » à ce que l'on en fait politiquement est une rude exigence.

Chacune de ces trois reprises de 1968 est significative des catégories politiques du moment. Suis-je en mesure de satisfaire à la même exigence et de stipuler les catégories politiques actuelles qui organisent aujourd'hui mon rapport à 68 ? C'est à cet exercice que je suis convoqué.

La clôture du classisme marxiste est constitutive de ma démarche depuis 1969, elle est déjà présente dans le projet de l'UCF(ml) de remettre la question du parti aux mains des masses. Mais je ne sais pas si je pourrai dire un jour que j'en ai fini avec cette clôture. De façon récurrente se pose la question : qu'est-ce qui est venu à être clos dans la clôture ?

Avec l'UCF(ml) nous avons clos la vision autoproclamée du parti, que j'ai appelée aussi la vision léniniste. Ce n'est pas une évidence partagée. Sortir de la vision autoproclamée du parti, c'est sortir des idées qui s'autoproclament comme constitutives de l'espace de la politique, cela exige de penser la politique à partir d'elle-même et non pas à partir de la philosophie, de l'histoire ou de l'économie ; cela exige la place centrale de la pensée politique des gens et les processus qu'elle ouvre.

Ensuite, avec l'Organisation politique, nous avons clos l'antagonisme comme catégorie organisatrice de la conscience ouvrière. Je rappelle les principaux attendus de l'antagonisme marxiste : la bourgeoisie est dans un rapport antagonique aux ouvriers ; en conséquence, la conscience ouvrière se doit d'être antagonique à la bourgeoisie. La révolution, c'est la destruction de l'État de la bourgeoisie, puis, par la dictature du prolétariat, l'abolition de la propriété et le dépérissement de l'État.

Des enquêtes menées en 1989, 1990 et 1991 m'ont permis d'établir un point majeur : l'abolition de la propriété privée *a bien eu lieu* à certains moments, en Chine, en URSS, en Allemagne de l'Est ; réellement, il n'y avait plus de propriété privée, il n'y avait plus de monnaie au sens de l'équivalent général[42]. Dans ces enquêtes, nous sommes allés le constater sur place, minutieusement. Cette expérimentation a eu lieu et elle est conclusive : l'abolition de la propriété privée n'abolit pas l'État ni ne conduit à son dépérissement.

La grande question ouverte par la clôture du classisme est de rompre avec l'antagonisme, et de rompre avec l'idée que la conscience relèverait d'un sujet doctrinal articulant la conscience ouvrière au refus de la subordination de l'État au capital.

Je pense que dans l'époque actuelle la question des valeurs, des principes, du subjectif doit être investie en elle-même ; *sur la base du subjectif à partir de lui-même et de ses possibles* se formule un rapport aux institutions, à l'État, au pouvoir, à la police, à la guerre, etc.

Ce qui est en jeu, c'est de commencer par l'espace propre de subjectivité des gens, en termes de principes, en termes de valeurs, de références et de pratiques. C'est une fois que ceci sera énoncé et déployé que les effets pratiques se formuleront sur ce qu'on fait vis-à-vis du pouvoir et de l'État. On mesure l'importance et les enjeux de la clôture du classisme marxiste.

Que dire de 68 dans cette entreprise des chronologies du présent ? Ce qui me convoque, ce sont les chronologies du subjectif, des différentes formes de l'intelligence des gens, formes et contenus de leur subjectivité.

La catégorie de l'arche des révolutions aborde, comme on l'a vu, la différence entre *séquence* et *chronologie*. Quand j'utilise « mode historique de la politique », la datation borne la séquence d'une capacité politique populaire. Avec « l'arche des révolutions », où « révolution » est entendu comme destruction de l'État (j'y viendrai plus loin), c'est aussi la puissance populaire qui indexe la datation. Cependant l'arche des révolutions n'est pas *une* séquence, elle n'est ni homogène ni continue, à la différence du mode historique de la politique. Ses deux points d'appui temporels sont la première et les dernières occurrences historiques où opère une révolution, entendue encore une fois comme la destruction par une puissance populaire d'un ordre étatique ancien et, sur ses décombres, la construction d'un ordre étatique nouveau. C'est une arche parce qu'elle associe des séquences subjectives hétérogènes. J'ai retenu pour cette arche deux dates, celle du début, 1792 en France, et celle de la fin, 1920, en Allemagne.

L'arche des révolutions n'est pas une *historici-sation*, un panoptique des modes historiques de la politique. C'est une autre entrée dont l'enjeu est de penser aujourd'hui les rapports entre capacité populaire et État, une fois établi le caractère clos de la révolution.

La politique, si elle relève de la capacité sub-jective populaire, ne relève pas d'une approche historiciste ; mais j'ajouterai que paradoxalement l'État non plus, dès lors qu'on l'aborde par *le rap-port* que la capacité populaire a à lui.

Pour revenir à 68. J'ai toujours considéré 68 comme un événement obscur, c'est-à-dire sans nom. La seule catégorie disponible à l'époque était celle de révolution et elle n'a pas de perti-nence. Dans toute la littérature qui commence à sortir dès juillet 1968, ce thème est récurrent et cependant profondément inadéquat.

De plus, je prends position contre les approches actuelles qui découpent et stratifient les événe-ments de Mai : il y aurait eu le Mai étudiant, le Mai ouvrier, le Mai parisien, le Mai breton… Le tout passé au laminoir des sciences sociales et de leur approche en termes de catégories sociopro-fessionnelles et de territoires : il y aurait eu le Mai des employés de banque de Marseille, le Mai des ouvriers de Peugeot-Sochaux, le Mai des crèches de tel endroit, etc. Ma critique ici porte non sur le caractère hautement documentaire de ces tra-vaux, mais sur leur prétention tacite ou explicite à

traiter ainsi la politique du côté des gens en 1968.
Pour une large part, ils reprennent à leur compte
le terme « lutte », omniprésent en 1968, comme
constituant le champ de la politique.

Dans les sciences sociales, ce que quelqu'un
fait ou dit, ce qu'un groupe de personnes fait
et dit est entendu comme *expressif de*, et *causa-
lement référé à* l'origine sociale et aux territoires
sociaux propres. La catégorie socioprofession-
nelle, le niveau de diplôme, le salaire moyen,
l'âge, le genre, la pratique religieuse... seraient
les facteurs explicatifs majeurs de ce que les gens
disent, sont et font. Je suis contre ce déterminisme, même si bien évidemment les caractéristiques sociales des uns et des autres peuvent avoir
individuellement ou collectivement de l'influence
– on les porte, on les dit, etc.; les déterminants
sociaux et territoriaux sont bien réels, mais je
soutiens que quant à la politique en 68, il s'agit
de qualifier quelque chose d'autre : je propose la
catégorie de *national*.

J'appelle *national* ce qui s'adresse à tous, c'est-
à-dire qui a un sens pour tous. Cette idée d'un
national sans nationalisme est une « inspiration »
politique qui n'est pas étatique. Cette thèse peut
sembler contradictoire avec les mots d'ordre
de « pouvoir ouvrier », « pouvoir étudiant »,
« pouvoir paysan » – pouvoir éclaté, en quelque
sorte, en catégories sociales multiples, mais à
mon sens ces mots d'ordre manifestent qu'il n'y

93

a pas de forme d'État alternatif proposée par 68. « Pouvoir ouvrier », « pouvoir étudiant », « pouvoir paysan » peuvent s'entendre comme autant d'assignations d'une inspiration, d'une subjectivité nouvelle, dans l'espace du lieu de vie et de travail des uns et des autres. Ce n'est pas une alternative globale centrale. « Pouvoir » est ainsi sans rapport avec le pouvoir d'État ; il est une capacité populaire en puissance.

Est apparu en 1968 un possible pour tous. Possible non concerté, non programmé : ce qui enthousiasme, c'est la puissance des gens, la puissance populaire ; c'est cela qui va des uns aux autres, un phénomène d'inspiration, d'émotion.

Prenons la nuit des barricades du 10 au 11 mai. Le Quartier latin, en quelques heures, se trouve hérissé de barricades, il y en aura plus de quatre-vingts, en pavés, voitures, matériaux de construction... Les affrontements violents avec la police vont durer des heures, jusqu'aux charges brutales au petit matin qui vont « libérer » le quartier – dans la version officielle. Tout cela a lieu en direct, *via* les radios périphériques, RTL, Europe, toute la France est accrochée aux transistors et suit en temps réel ce qui se passe sur les barricades[43]. Le lendemain, le 12 mai, il y a une réunion de la plupart des grands syndicats, qui décident pour le 13 mai une grève générale dite de solidarité avec les étudiants et contre la répression. Le lendemain de cette grève générale, dès le 14 donc, les grèves avec occupations d'usines commencent. Je propose de dire que *du côté des barricades et des gens qui y étaient, des choses ont été dites et faites qui valaient pour tous, qui signifiaient pour tous* : cela touchait tout le monde. Chacun était concerné, positivement ou négativement ; en effet, « national » ne signifie pas « unanime », mais que chacun est interpellé.

Certes, cette thèse est rétrospective, mais tous ceux d'entre nous qui, dans les jours qui ont suivi, sont allés à la rencontre des ouvriers dans les usines, dans les dépôts, dans les petites fabriques, se sont entendu dire : « Vous, les étudiants, ce que vous avez fait avec les barricades, c'était formidable. » Le lien qui s'est tissé entre les étudiants et les ouvriers est massivement l'effet de la participation des étudiants dans les barricades.

À partir du 14 mai, avec le début des occupations d'usines, la conjoncture change : nouvelle situation où se pose la question des rapports entre ce qu'il en est de la mobilisation de la jeunesse (les universités, les lycées), et celle des ouvriers et des employés. Sur les barricades et autour, il y avait des étudiants mais aussi beaucoup d'autres gens, et cela va se poursuivre dans la plupart des mobilisations de Mai 68. En particulier, résister et se battre contre la police est un point d'unité entre gens différents. D'ailleurs, en juin, quand les usines seront attaquées par la police, de vastes mouvements d'étudiants pour protéger les usines occupées auront lieu. Des étudiants encadrés par l'UJC(ml) rejoindront les ouvriers de Renault-Flins pour résister à la police. C'est là que le lycéen Gilles Tautin trouvera la mort.

La « figure ouvrière » est toujours assignée à une situation donnée : ici, ce sont les occupations d'usines. Et c'est cette subjectivité-là, pratique singulière du rapport ouvriers à ouvriers, et ouvriers à patrons, qui fait événement. Les usines occupées et ce qui va s'organiser autour d'elles relèvent du « pour tous », du *national* en ce sens. À nouveau de façon également contradictoire.

J'aimerais insister sur la subjectivité des gens, sur l'inventivité, l'enthousiasme en 68. Chacun veut savoir ce que les autres disent, pensent, proposent. *Il y a une positivité de l'altérité* absolument inouïe. Cette inventivité est partagée : elle s'affiche dans la rue, circule, il y a des milliers de tracts, d'affiches, de graffitis… La différence est flagrante entre les lieux ouverts qu'ont été les rues, les universités et certaines usines, et les lieux fermés sous contrôle du PCF et de la CGT.

Les catégories de révolution et de classisme prolétarien n'y ont aucune part réelle même si *lexicalement* ils apparaissent. Je pense que 68 relève de la catégorie d'*inspiration*, de *libération*, et pas du tout de celle de *révolution*. Libération de la parole, de l'invention, de l'écoute des autres, de l'usage de la rue, des lieux. La thèse « les gens pensent » est dans cette filiation.

V. Les singularités subjectives

1

Les singularités subjectives posent des questions difficiles et il est vain, alors, d'espérer des réponses elles-mêmes faciles. Quand une question est complexe, la réponse ne peut qu'essayer de trouver une voie le long de cette complexité. Ce qui est en jeu, c'est ce qu'il en est aujourd'hui de l'assertion qui ouvre l'*Anthropologie du nom* :

> Le champ de l'anthropologie du nom est constitué par la question que pose à la pensée l'énoncé *les gens pensent*. Le livre [...] a pour but d'élucider le subjectif de l'intérieur du subjectif, ou, comme je dis, « en intériorité », et non pas par la convocation de référents objectivistes ou positivistes. La politique en un sens renouvelé vaudra ici comme exemplification d'une démarche en subjectivité.
>
> Ma thèse fondamentale sur la politique est qu'elle est de l'ordre de la pensée. Il s'agit d'une thèse sur le caractère irréductible à tout autre espace que le sien de la politique, et sur la nécessité de la réfléchir dans sa singularité[44].

Si les gens pensent, et si la politique est de l'ordre de la pensée, alors les gens peuvent – du moins cela arrive parfois – penser la politique, celle qu'ils prononcent, la leur, *la politique en intériorité*. Telle était mon approche de la situation il y a plus de vingt ans.

Qu'en est-il de la pensée des gens, alors qu'il n'y a pas aujourd'hui, à mon sens, de politique du point des gens ? Que faire alors de l'assertion de l'*Anthropologie du nom* qui assignait la pensée des gens à la pensée de la politique en intériorité ?

2

Je spécifiais mon anthropologie comme « une discipline qui a pour vocation d'appréhender des singularités subjectives ». Je prenais soin d'indiquer que l'*Anthropologie du nom* n'est pas sous le registre unique de la politique. « Politique » y est seulement *un nom* : « dans l'anthropologie, la politique est seulement un nom, la démarche l'inclut mais ne s'y réduit pas ». C'est donc un livre sur les singularités subjectives.

Pourquoi « les gens pensent » est-elle une thèse anthropologique et non pas politique ? Ou l'est-elle aussi, mais pas exclusivement ? En parlant d'anthropologie, est-ce que je n'invoque pas *une discipline*, alors que je soutiens que l'on doit penser la politique à partir d'elle-même ? La *discipline* introduit ici une extériorité. Pourquoi « penser la politique à partir d'elle-même » serait-elle une thèse anthropologique et non pas une thèse politique ? Je semble dire les deux : thèse politique *et* thèse anthropologique, quand je propose de penser le subjectif à partir de lui-même.

3

« Les singularités subjectives », de quoi s'agit-il ? Je répondrai en disant à quoi cela sert : cela permet *la pensée des processus de pensée*, qui sont singuliers et séquentiels, ils ne se répètent pas et ne sont pas répétables.

Cette approche est antinomique de celles pour lesquelles un phénomène s'inscrit nécessairement, si on veut l'investir, le connaître, le formuler, entre ce qui le précède et ce qui le suit, et qu'il doit être comparé en termes de ressemblances et de différences à d'autres phénomènes. C'est la méthode classique des disciplines historiques et sociologiques. Il s'agit d'une méthode en termes de causes, d'effets et de comparatisme.

Dans *Apologie pour l'histoire ou le métier d'historien*, Marc Bloch soutient qu'un phénomène pris dans son unicité ne peut pas être investi par l'analyse. « Une expérience unique est toujours impuissante à discriminer ses propres facteurs ; par la suite, à fournir sa propre interprétation[45]. »

Bien évidemment, l'argumentation de Bloch est tout à fait différente de la mienne, puisqu'il articule *interprétation* à *facteurs*, et *facteurs* à *causes*. Dans ce dispositif, une expérience unique n'est pas suffisante ; il faut pouvoir la comparer. Le point est là : une expérience unique, dans la démarche causale, ne peut selon Bloch fournir par elle-même son dispositif de causes et d'interprétation. L'approche en termes de singularité subjective tente exactement le contraire : un dispositif unique, si l'on interroge le subjectif à partir de lui-même, peut s'identifier comme une pensée singulière.

Avec l'anthropologie des singularités subjectives, de la pensée des processus de pensée singuliers, je suis dans un écart radical avec les démarches qui reposent sur les causes, le déterminisme et la comparaison.

Les singularités subjectives permettent-elles de disposer une démarche de connaissance adossée à l'énoncé : « les gens pensent » ? À l'aune de ma propre expérience et de toutes mes enquêtes, je sais que cette proposition « les gens pensent » suscite beaucoup de difficultés et de résistances, de même l'idée que la politique est une intellectualité propre, et qu'on peut la penser à partir d'elle-même. « Il y a les gens » est déjà une thèse difficilement admise, surtout si j'avance qu'il s'agit d'un *indistinct certain*. C'est-à-dire : *il y a* les gens, mais la question des mots, de la nomination, de la qualification, de la spécification de leurs possibles *n'est pas là* pour autant. Pour qu'une pensée des gens soit là, cela suppose un travail, un engagement, un processus.

Or plutôt que « les gens pensent », il se dit volontiers que le capital et la marchandise décident de tout, y compris de ce que l'on pense. De plus, nous sommes dans une période des groupes et des étiquettes : les riches, les pauvres, les catholiques, les musulmans, les juifs, les issus de l'émigration, les élites… On est passé de la lutte des classes au classement.

Pour tout le monde, il y a l'État, espace de l'ordre et du commandement. Existent ensuite des divisions entre ceux qui disent que c'est comme cela et qu'il n'y a qu'à obtempérer, et ceux qui pensent que c'est comme cela *mais qu'il y a cependant des possibles*. Dans l'espace parlementaire, un possible est le réformisme, l'opposition gauche-droite… Pour d'autres, un possible est une posture d'affrontement au capitalisme.

Ma position est tout autre. Je soutiens que c'est du côté des gens que quelque chose peut advenir ; où, quand, comment, aujourd'hui personne ne le sait, cependant il ne faut pas simplement attendre, mais y travailler. Si quelque chose advient, ce sera de ce côté-là, mais on ne sait pas quoi. C'est pour cela que je dis que « gens » dans « du côté des gens » est un *indistinct certain*.

La catégorie *les gens* rompt avec la cartographie objectiviste faite d'entités et d'étiquettes, d'analytique et de descriptif des situations. Utiliser la catégorie *les gens*, c'est être dans la décision.

Il faut une *décision* qui renouvelle la question : que dit-on et que fait-on ? Car pour sortir de l'indistinct certain et donc ouvrir des possibles, il faut une *prescription*. Exemple : comment parler, aujourd'hui, des migrants, des réfugiés ? Il a été proposé de parler de « nouveaux arrivants », mais en fait les mots manquent. Je dirai qu'il s'agit d'un indistinct certain, dont pour l'instant on n'a pas trouvé la prescription. La prescription s'articule bien à cet enjeu : que dit-on, que fait-on ?

Accepter le *il y a* et l'indistinct certain, c'est affirmer qu'à l'endroit des migrants, des réfugiés, une prescription se cherche. Cela n'abolit évidemment pas le fait qu'existent des catégories qui sont celles de l'État. Si l'on prend les mots « réfugiés » ou « migrants », qui relèvent du registre étatique, cela renvoie immédiatement à la question du refoulement, des centres de rétention ou de leur enregistrement éventuel comme réfugiés politiques. L'État catégorise selon ses normes.

Soutenir qu'*il y a les gens*, que c'est un *indistinct certain* et que *les gens pensent* est un possible. C'est donc un choix politique, non seulement en regard de là où l'on veut aller, mais aussi par la clarification exigeante de là où l'on ne veut *pas* aller. Ces énoncés sont liés par la formule : à distance de l'État.

4

Sur le subjectif, j'ai soutenu que :

– La politique est de l'ordre du subjectif.

– Le subjectif sans dialectique avec l'objectif et qui se formule à partir de lui-même, je l'appelle *pensée*.

– Cette pensée-là, en tant que pensée, suspend la polysémie du mot sur lequel elle s'appuie. Penser, c'est, fondamentalement, à partir d'un mot, l'assigner à un contenu, à une spécification qui suspend la polysémie. Me revient en mémoire le passage de Lénine dans *Que faire ?* où il dit : « Il y a politique et politique. » Il y a la politique bourgeoise, et il y a la politique social-démocrate (prolétarienne, révolutionnaire). Il dit à propos des grandes grèves des années 1890 (je cite de mémoire) : les ouvriers occupaient les usines, ils se battaient avec les Cosaques, mais ce n'était pas une lutte de classes au sens strict, parce que manquait « la conscience de l'antagonisme avec l'ensemble de l'ordre politique et social existant ». Dans le cas du léninisme, suspendre la polysémie du mot « politique », c'était introduire la prescription de l'antagonisme.

Je dois réexaminer cette opération de suspension de la polysémie aujourd'hui. Je propose deux extensions en regard de l'*Anthropologie du nom*. D'une part, la suspension de la polysémie *n'abolit nullement que le mot soit polysémique*; donc en avoir tel ou tel usage, ou telle prescription, est un choix, une décision, dans un contexte où cependant la polysémie est et demeure à l'œuvre. D'autre part, la suspension de la polysémie rend l'assignation retenue *exclusive* des autres assignations; non pas au sens d'un antagonisme, mais par exemple, dans les situations que je pratique, un *choix exclusif* entre « du point des gens » et « du point de l'État ».

Je dirai: *en suspendant la polysémie d'un mot, une pensée circonscrit son lieu à l'endroit d'autres lieux, et ces cartographies disjointes et incompatibles peuvent être dites exclusives.*

– L'opération d'intellectualité de cette pensée est *rapport du réel*, ce qui dans mes termes veut dire *rationnelle*. L'opération n'est pas de type causal, déterministe, remontant des effets aux causes, et expliquant le pourquoi de la situation. L'opérateur d'intellectualité de cette pensée-là est la décision d'un *possible*: *faire face au réel politique d'une situation, c'est en formuler un possible.* J'insiste sur ce point, parce qu'on est tellement marqué, intellectuellement, par le fait que penser, c'est formuler le système des causes et des effets, qu'il est difficile d'accepter une autre forme de pensée en regard d'une situation, où il ne s'agisse pas de dire ce qui a structuré la situation, quelle est son origine, mais qui soit la proposition: dans la situation, qu'est-ce qui est possible ? On n'est pas très alerte, mentalement, pour accepter cette proposition.

Quand un bateau fait naufrage et qu'il s'agit de mettre les canots de sauvetage à la mer, un des enjeux est d'éviter que les gens, au lieu de sauter dans le canot, sautent à côté. C'est cela, la question du possible *en situation*. Intellectuellement, au moment de cette situation, savoir ce qui a produit l'avarie du moteur qui explique que le bateau a dérivé n'est pas le problème. La question du possible est strictement circonstanciée à la situation, et à ce qu'elle offre ou n'offre pas, et selon quels principes. C'est une pensée rationnelle dont la catégorie est le possible.

5

Possible et politique organisée : dans la période de l'Organisation politique, le subjectif de référence était celui de la pensée de *la politique en intériorité*. En 2007, nous avons décidé de mettre fin à l'Organisation politique. Peut-il alors y avoir une pensée de la politique *sans organisation* ? Ou bien y a-t-il aujourd'hui une pensée du point des gens qui ne serait pas sous la contrainte de l'organisation, au sens où j'ai soutenu longtemps qu'il n'y a de politique qu'organisée ?

L'État est le paradigme *dans son espace* d'une articulation d'un subjectif et d'une organisation. Subjectivité et organisation, dans cet espace-là, sont insécables : ils sont articulés et très souvent confondus ; selon les conjonctures, l'un des termes l'emporte (entre subjectif et organisation). Dans le léninisme également, subjectivité et organisation sont insécables. Le subjectif est celui de la classe ouvrière et du peuple – indexé à leur puissance révolutionnaire. Selon la conjoncture cependant, un des termes l'emporte.

Je me suis interrogé sur la révolution d'Octobre à partir de ce dispositif subjectif et organisation. Puis-je dire que dans la révolution d'Octobre l'organisation (le POSDR, Parti ouvrier social-démocrate de Russie) fut mise *au service* du subjectif porté par les masses ouvrières et populaires ? Alors qu'à partir de 1920 le subjectif serait asservi et mis exclusivement au service de l'organisation du parti-État et non au service des masses ? Bien évidemment la seconde période correspond à ce que j'ai appelé la période d'étatisation *de la classe ouvrière*, où le versant du subjectif est entièrement asservi au dispositif étatique.

Dans *Que faire ?* (1902) le subjectif est réglé par la contradiction antagonique prolétariat-bourgeoisie et la construction d'un parti de révolutionnaires professionnels, mais le parti est *ouvert* – par exemple, en février 1917, aux soviets ; il accueille les inventions de masse, tout en restant rigide sur des points de doctrine. Le parti articule le spontané et le conscient. Après la prise du pouvoir, c'est l'État qui impose le subjectif de référence, dans le thème bien connu de l'État ouvrier, patrie du socialisme.

Je me demande si le léninisme, sous cet angle, peut être analysé comme un pliage contraint de la conscience au communisme, aux nécessités de la politique communiste : classe, antagonisme puis État prolétarien – c'est-à-dire un dispositif de conditions, mais de conditions contraintes par la doctrine.

Plier la conscience aux nécessités de l'État, ceci vaut pour deux processus d'étatisation de la classe ouvrière : la forme soviétique de l'État-parti en URSS dès les années 1920, et la forme parlementaire de l'étatisation de la classe ouvrière dont le PCF et la CGTU[46] seront à la même époque les supports majeurs en France.

L'espace étatique est à la fois organisé et subjectivé. Un point important de cette subjectivité étatique est que la question de l'ordre et du commandement, incarnés par le pouvoir, y est l'espace incontournable et nécessaire de la politique – de la *pensée* et de la *subjectivité* de la politique. Il y a des formes du subjectif *dans l'État* et qui évolue avec lui. Je prendrai deux exemples. Le premier est la manière dont le mot « ouvrier » et la figure ouvrière ont été absentés de l'espace de l'État et de l'espace de ce qui était compté par l'État. Cette rature du mot « ouvrier » s'aggrave dans les années 1980, sous Mitterrand, lors des grèves des ouvriers de l'automobile, Citroën et

Renault. Ces grèves sont alors qualifiées par le gouvernement de grèves « chiites » menées par des « immigrés étrangers aux réalités sociales et culturelles de la France ». Dès lors il ne s'agissait plus, du point de vue de l'État, de grèves ouvrières mais de grèves confessionnelles d'immigrés. Ce qui a eu lieu là, c'est littéralement l'effacement du mot « ouvrier » et son remplacement par le mot « immigré », non plus comme présence positive mais comme « problème ». Cette opération de confessionnalisation des ouvriers de la grande industrie d'origine étrangère a permis de les effacer comme sujets de droit. On passe d'une figure objective ouvrant à des droits à une qualification identitaire menaçante. Ce processus de *confessionnalisation* de la figure ouvrière dans la qualification étatique (passer d'*ouvrier* à ouvrier *immigré*, puis à *immigré* tout court) a valu pour les ouvriers mais aussi pour les élèves de collèges et de lycées, les jeunes filles portant le voile, les jeunes de banlieue, souvent « confessionnalisés » dans les termes et stigmatisations de l'État. La détestable expression convenue : *jeunes issus de l'immigration* pour parler de jeunes français, de parents ou de grands-parents ouvriers étrangers venus travailler en France et y ayant fait famille, poursuit cette entreprise étatique. Dans le langage actuel, « issus de l'immigration » veut dire : « leurs parents étaient des étrangers ». Sous-entendu : leurs parents étaient des ouvriers *de confession musulmane*. Ainsi, l'expression « jeunes issus de l'immigration » participe de l'opération qui consiste à ne plus citer « ouvrier », à ne plus le compter comme une figure nationale.

« Je suis Charlie », dès l'instant où l'État l'a entièrement accaparé, est un autre processus exemplaire de cette subjectivation étatique, de proposition d'adhésion au dispositif gouvernemental et sécuritaire ; ici, une manière d'articuler indissolublement ladite question de la laïcité au terrible drame criminel des attentats et à la nécessité d'une politique étatique de recherche des responsables. Pour ce qui est de la situation française, je tiens cette thèse que l'État qui opère aujourd'hui relève de ce que j'appelle l'*État séparé*, qualification de la forme de l'État en France depuis une dizaine d'années. Suivre l'évolution du droit des étrangers des années 1990 à aujourd'hui, en particulier ce qu'il en est de la régularisation, l'illustre tristement. Dans les années 1990, les années passées à travailler sans papiers ou avec de faux papiers étaient comptées et formaient la base des dossiers de régularisation, à travers les fiches de paie d'un travail bien réel. Aujourd'hui, de tels documents disqualifient tout dossier, voire ouvrent à des poursuites. Au fur et à mesure des lois, la régularisation se fait de plus en plus à la discrétion du préfet. L'ancienneté dans le travail comme source de droits pour les ouvriers étrangers ne compte plus. Nous nous sommes battus sur la proposition que *le travail ouvre à des droits*. Au Rassemblement des collectifs des ouvriers sans papiers des foyers, nous disions : *il y a un statut juridique du travail. Ouvrier est une figure du travail*. Nous avons organisé de nombreuses manifestations entre 1995 et 2007 qui scandaient : « Ouvrier, ça compte », « Le travail, ça compte », « Des papiers pour les ouvriers sans papiers », et « On est ici, on est d'ici ». L'ensemble des mesures législatives et réglementaires depuis les années 2000 est la négation directe de ces principes.

Bien que nous ne soyons plus dans un dispositif de classe contre classe, je continue à parler de classisme bourgeois, dans la forme de l'étatisme classiste, comme référent pour les oppositions : riches/pauvres, centres/périphéries, élites/banlieues, etc. Non pas que cela n'existe pas (les riches, les pauvres, les inégalités…), mais ce pseudo-classisme est en fait un déplacement fallacieux des contradictions de classes, alors que les situations sont tout à fait différentes. Dans la formulation marxiste, l'histoire de l'humanité est l'histoire de la lutte de classes. Il y a aujourd'hui quelque chose qui s'est introduit comme : *l'histoire de l'humanité serait l'histoire des inégalités*. Qu'il y ait de fait des processus historiques portés par des inégalités, c'est certain, mais ce n'est pas du tout dans l'espace antérieur de la lutte des classes. La lutte des classes, au sens initial, c'était d'un point de vue marxiste la puissance politique prolétaire, et le fait que cette puissance politique prolétaire serait l'appui d'une révolution, d'une société sans classes et d'un dépérissement de l'État. Ce n'était pas simplement la question des *différences*, ce n'était pas juste qu'il y ait des riches, qu'il y ait des pauvres, des dominés et des dominants, etc.

Le classisme reposant sur l'analyse de classes constituait des groupes dans un rapport de lutte de classes (les uns disant : avec l'appui du prolétariat, la fin d'un État de classes est notre perspective ; et les autres soutenant, comme Keynes, « je suis du côté du Capital, et la bourgeoisie me verra toujours à ses côtés »). Qu'il y ait des oppositions ne suffit nullement à spécifier la *nature* des tensions, des processus, du devenir des choses et des différents possibles de ce devenir. Nous sommes dans une époque où l'on est constamment informé du caractère extraordinairement tendu et dramatique des situations, par exemple pour les réfugiés ; mais la question de ce qui peut s'ouvrir est absolument obscure et difficile. Il y a des pauvres, il y a des riches : c'est une tension incontestable, mais ce que produit cette tension est une question complètement ouverte aujourd'hui.

6

De même que « lutte de classes » et « révolution » ont perdu leur consistance avec la péremption de la révolution, de même les mots « guerre » et

111

« paix » se trouvent défaits d'assignation du côté des gens comme du côté de l'État.

Pour Clausewitz, le but de la guerre entre États est que l'État vainqueur impose à l'État vaincu ses conditions de la paix.

La thèse internationaliste soutenait que le prolétariat mondial portait, avec le socialisme, la figure de la paix universelle. Si le prolétariat venait au pouvoir dans tous les pays, alors la paix régnerait. Pendant longtemps, le Parti communiste français a même subordonné les luttes de libération nationale des colonies à l'instauration du socialisme en France, qui allait libérer tous les peuples que l'impérialisme français dominait, réprimait, exploitait. Un moment incontournable de l'effondrement de l'internationalisme prolétarien, après l'Union sacrée de 1914, fut le Pacte germano-soviétique (août 1939). Il y a dans le Journal de Brecht une page magnifique sur le désastre mondial que représente cette décision pour les prolétariats, pour les forces progressistes :

> le pacte germano-russe a naturellement semé un grand trouble chez tous les prolétaires. les communistes se sont empressés d'affirmer que c'était une contribution éminemment respectable de l'union au maintien de la paix. il est vrai que peu après – quelques heures après – la guerre éclatait [...] et l'union porte devant le prolétariat mondial les terribles

stigmates d'une aide au fascisme, cette part la plus féroce et la plus anti-ouvrière du capitalisme. l'union s'est sauvée elle-même en laissant, pour prix de son salut, le prolétariat sans mot d'ordre, sans espoir et sans secours : je ne crois pas qu'on puisse dire plus[47].

Quelles sont aujourd'hui les assignations des mots « guerre » et « paix » dans l'espace du pouvoir ? Quelles sont-elles pour les gens ? Comment rompre avec les errances actuelles ? Nous devons nous interroger sur la séparation essentielle entre le lexique de la subjectivité étatique (de fait imposé par l'État) et le lexique de la subjectivité propre aux gens.

L'État demeure un enjeu essentiel : quelles en sont les formes actuelles, les tensions intérieures, les tensions entre le national et l'international, entre la logique des marchés et l'intérêt général… Il s'agit bien d'une analytique, mais il faut aussi réfléchir l'État à partir de l'expérience que les gens en ont. Dans son livre sur la politique à Rome et à Athènes, Moses Finley cite Harold Laski : « Le citoyen ne peut atteindre l'État que par l'intermédiaire de l'appareil de gouvernement […]. Ses conclusions sur la nature de l'État, il les tire du caractère des actions gouvernementales ; et il ne peut la connaître autrement[48]. » Un État, du point de ce que Finley appelle un citoyen, est ce que fait son gouvernement.

En rapport avec l'analyse de l'État aujourd'hui, j'ai soutenu que, du côté des ouvriers, l'antagonisme à l'endroit du capital n'avait plus de consistance. Le corps ouvrier en tant que *corps politique* pratiquant l'antagonisme avec le capital appartient à une époque révolue, et pour autant il y a de l'antagonisme de la part de l'État à l'endroit de ce qui lui est hétérogène ou adverse. Dans cette modalité, c'est l'État en tant que tel qui pratique et développe l'antagonisme.

Là où il y a multitude, il faut de l'ordre, du commandement et de la violence, donc il faut de l'État. L'antagonisme de classes n'a plus de consistance politique. Demeure seulement l'antagonisme étatique, engendré et déployé par l'État.

Nombreux sont ceux qui considèrent qu'il n'y a pas d'analytique propre de l'État, mais seulement une analytique forte du capital, de la finance. Dans les débats actuels, les rapports entre économie et État sont majeurs quant à cette analytique propre à l'État.

Je prends le contrepied de la thèse selon laquelle la bourgeoisie et le capital se sont asservi l'État. On indexe couramment le capital sur la propriété privée et la loi de la valeur, la monnaie – avec la connivence et la participation de l'État. Ne peut-on pas envisager l'hypothèse contraire ? À savoir que la propriété, la monnaie *sont* des créations étatiques. Que c'est l'État qui, en réalité, crée l'économie et ses différentes formes.

J'oppose à la thèse « l'État se plie aux lois du capital » la proposition : Ce n'est pas l'économie qui crée l'État, même si l'État crée des dynamiques, la monnaie, le marché. L'ordre étatique cogère l'ordre économique.

Je reviens à mon propos sur les singularités subjectives.

L'enjeu aujourd'hui : on ne peut pas aborder ce que j'appelle *les gens* en termes de sujet, ni la politique en termes d'organisation. Cela, c'est le registre exclusif du parlementarisme : les sujets sont les électeurs, et les partis parlementaires les dispositifs nécessaires et incontournables en termes d'organisation. Je ne crois pas beaucoup à une organisation non étatique dans la période actuelle. Actuellement il n'y a d'organisation que dans l'espace étatique.

Aujourd'hui la péremption de la catégorie de révolution et de l'antagonisme prolétarien exige un renouvellement complet du subjectif. Les « singularités subjectives », dans les modes de la politique en intériorité, étaient aussi un opérateur d'historicité. Ce n'est pas pour rien que je parle alors de mode *historique* de la politique : il y avait une singularité subjective et je pouvais l'identifier, dire quand elle avait commencé et quand elle se clôturait. Question ouverte : y a-t-il d'autres singularités subjectives que les modes historiques de la politique ? Allons-nous chercher le subjectif dans d'autres modalités ? Dirai-je que peuvent s'opérer des singularités subjectives d'un genre nouveau, et que cela ouvre à d'autres processus possibles ? Dès lors le mode historique de la politique n'aurait pas le monopole de la singularité subjective du point des gens : il en serait une des formes, organisée. Dans l'*Anthropologie du nom*, la novation était assignée aux modes historiques de la politique, leurs lieux et leur qualification. Mais alors, « les gens pensent », qu'est-ce que cela signifie aujourd'hui, dans une période où il n'y a pas de politique en intériorité ? Peut-on faire l'hypothèse d'un *subjectif sans organisation* ?

Conclusion. Le subjectif sans organisation

Il y a toujours, dans l'élément de la décision politique, une dimension existentielle, des enjeux de sens majeurs. La question est celle de *ce qui fonde la décision*. La décision est individuelle. Mais dans l'espace d'une organisation politique, la décision initiale est dans le ralliement et l'adhésion à la ligne. Or si le subjectif est aujourd'hui sans organisation, qu'en est-il de la décision ? Si l'organisation était de l'ordre du « nous », qu'en est-il du subjectif sans « nous » ? On passe alors dans le registre du « je » et d'un multiple de « je ». Le « nous » d'une politique en intériorité n'était de toute façon pas un « nous » déjà donné, inconditionnel, mais un « nous » qui advenait *sous conditions*. Dans mes termes, *les gens pensent* était donc un *nous* sous conditions. Dans le Rassemblement des ouvriers sans papiers des foyers et de l'Organisation politique, le principe qui présidait et fonctionnait dans les assemblées était : *chacun parle en son nom et la politique est en partage*. Ce qui était en partage était notre politique du point des gens, c'est elle qui fondait le « nous », à la fois subjectif et organisationnel. Dans l'aride période

qui va pour moi de la fin de l'Organisation politique en 2007 à aujourd'hui, avec quelques amis
issus également de l'Organisation politique, nous
formons un petit groupe, *les Quelques-Uns*, personnes toujours engagées et militantes, mais dans
un dispositif tout autre. *Chacun parle et agit en
son nom* et s'engage de même : tel sur les foyers
ouvriers, telle autre auprès des mineurs étrangers
sans famille, telle auprès des familles roms, tel
autre dans les quartiers populaires ou dans une
grande cité de la région parisienne… *Chacun en
son nom* n'est pas un énoncé anodin. Nous nous
réunissons en petites assemblées, nous ne prati-
quons pas un « nous » d'organisation, mais un
pluriel de subjectivités individuelles.

S'il n'y a plus de politique en intériorité ni de
« nous » autre que la fiction d'un sujet collectif,
qu'en est-il de la pensée des gens ? La pensée est
sous condition de formuler ce qui la constitue à
ses yeux comme pensée. Si je reviens au « je », la
condition pour que « je » pense quelque chose, je
l'assigne à la question de l'altérité. Ce qui fonde
la question de l'altérité est pour le « je » d'accepter que l'autre, le « il-elle », soit aussi un « je ».
J'appellerai alors *pensée politique* l'existence d'un
tiers lieu, proposé par un « je », dans une com-
patibilité entre le « il » ou le « elle » et ce « je ».
Le « il-elle » est un autre « je », et mon propre
« je » a aussi le statut de « il » pour lui. Ce « il »,
ce « elle », est une interpellation puissante du

« je ». Prenons l'exemple du mot « migrant » et le lexique des « il » qui le présente : le clandestin, le sans-papiers, le potentiellement terroriste, le réfugié, le chassé par la famine, le sans-travail, le rescapé du naufrage en mer, une personne à merci, quelqu'un de vitalement menacé. Les assignations vont de « il faut le renvoyer à la frontière » à « c'est quelqu'un que je veux absolument aider ». Ce qui montre bien que le « il », ici, *est à la merci du « je »* qui le dit. Il en est dépendant.

Le « nous » organisé ne traitait-il pas l'altérité ? Dans son espace, oui ; cependant, que ce soit l'organisation qui fournisse les catégories et le lexique communs, ou qu'on soit à son propre compte, cela introduit une différence fondamentale.

Peut-on déplacer la question de la pensée d'un « nous » d'une politique en intériorité à un « je » sous condition de l'altérité (où l'autre est un autre « je ») ? En d'autres termes, est-il possible dans l'hypothèse du « je » et du « il-elle » de trouver une opération du *subjectif à partir de lui-même*, en l'absence de toute organisation ? La multiplicité des « je » et des altérités peut-elle ouvrir à une autre pensée de la politique ? Des subjectivités seraient alors appréhendées comme l'espace du travail entre les « je » et les autres. Faire des autres d'autres « je », cela produit-il une *pensée politique* ? Il y a quelque chose de compliqué aujourd'hui, parce que les récents mouvements populaires[49] n'ont pas d'effet de pouvoir en apparence, si ce n'est de renforcer la réponse répressive. Cela pose le problème du rapport entre les subjectivités de ces mobilisations et la nature même d'un État qui ne veut rien entendre. Dans la période actuelle, l'idée qu'il y ait des possibles, que des propositions avancées par les gens soient prises en compte par l'État, plus personne n'y croit. Que faire en regard de cet état de fait ? C'est la question de la *distance* à l'endroit de l'État.

Il y a des positions serviles d'acquiescement, d'adhésion à l'État. Quelles sont les subjectivités de cet acquiescement ? Adhésion à l'ordre, cet ordre fût-il criminel ? Adhésion à l'État, comme garant de la richesse nationale ? Cet acquiescement est-il animé par l'intérêt personnel, sous couvert de la défense de l'ordre ? Que proposer alors ? Trouver un espace d'écart à l'endroit de l'État, *à distance de l'État* ; comme je l'ai dit, il y a l'État et il est ce qu'il est, pour autant je peux être *à distance*, et trouver ce qui relève de la créativité, de l'invention, de l'inspiration du point des gens. C'est l'espace d'une positivité possible en regard d'une institution redoutable et redoutée. Aujourd'hui, une absence d'alternative sur la question de l'État n'est ni une faiblesse ni un manque. C'est tenir compte de l'expérience : les deux grandes visions étatiques opposées qu'ont été le socialisme communiste et la social-démocratie parlementaire sont épuisées.

Pour terminer, je reviendrai sur mon compagnonnage avec des Gilets jaunes en 2018 et 2019, qui m'a beaucoup marqué et que je porte avec ferveur. *Être un parmi les autres*, je l'ai en particulier appris avec eux, ainsi que la patience vigilante à écouter l'autre mais encore plus à entendre ce qui est dit par chacun, ce qu'il pense, ce qu'il espère, ce qu'il est prêt à faire.

En novembre 2019, Moritz Herrmann et Jan Philipp Weise m'ont invité à Francfort à l'occasion de la publication en allemand de l'*Anthropologie du nom*. J'avais intitulé mon propos : « L'*Anthropologie du nom* peut-elle mettre un Gilet jaune ? » Je disais alors :

> Les Gilets jaunes soutiennent que le gouvernement, qui s'affirme constitutionnellement légitime, est immoral dans ses décisions et ses pratiques. Ses discours relèvent du mensonge et de la corruption. *« Il cherche à nous enfumer »*, disent-ils. Cette immoralité est aussi incarnée par la violence policière et judiciaire dont ils sont l'objet.
>
> Pour les Gilets jaunes que j'ai rencontrés, l'immoralité du pouvoir le délégitime. À la légitimité constitutionnelle, juridique, mais immorale, du pouvoir, les Gilets jaunes opposent la légitimité morale de leur mobilisation. Il y a un *conflit de légitimité*, et je pense que la violence du pouvoir s'explique

largement par la mise en cause de sa légitimité morale. La question de la morale n'est ici ni philosophique ni religieuse. Avec la morale, il s'agit de valeurs et de principes. Prendre en compte fondamentalement la vie réelle des gens et les respecter, voilà le principe essentiel. C'est aussi dire la vérité sur ce qui a lieu pour eux. Un des chants des Gilets jaunes dit : « *On est là même si Macron ne le veut pas, on est là pour l'honneur des travailleurs et pour un monde meilleur.* »

Si l'absence de structuration, d'organisation homogène et centralisée a fait l'objet de réserves et de critiques à l'endroit des Gilets jaunes, je la tiens pour essentielle. Ce n'est pas une organisation qui est présentée au gouvernement, mais un principe : nos vies sont respectables et elles doivent être respectées, la vie des gens cela compte. L'absence de structuration marque la nouveauté des Gilets jaunes : distance et refus de la dimension étatique de toute organisation symbolisée par la centralisation et les chefs. Or pour ouvrir une interlocution l'État exige d'avoir en vis-à-vis une organisation, des chefs, des porte-parole reconnus, des interlocuteurs valables. Le soupçon ou l'intuition des Gilets jaunes est que toute organisation est étatique. Ce n'est pas une proposition anarchiste, ils ne proposent ni

conseil ni communalisme. Ils n'ont pas de
théorie sur le pouvoir si ce n'est sa corruption et l'immoralité de son personnel.

L'expérience des Gilets jaunes est référentielle
pour moi. Elle deviendra une chronologie du
présent quand, dans ce qui va venir du côté des
gens, sera repris et avancé ce que les Gilets jaunes
ont ouvert. J'ai attendu 2008 pour écrire ma chronologie de Mai 68, après avoir expérimenté la
création de deux organisations militantes successives, elles-mêmes initialement pensées comme
une leçon de 68, où ce qui avait manqué, soute-
nait-on alors, était une *organisation* ayant un point
de vue d'ensemble et une doctrine constituée de
la politique. C'est lorsque la période actuelle sera
clôturée que je pourrai faire, non pas une chronique des Gilets jaunes, mais une chronologie de
ce qu'ils ont ouvert et témoigné, et ce pour une
période qui n'est pas encore là. Pour quelqu'un
de ma génération, l'espoir est encore permis.

Notes

1. Je tiens à saluer Branka Ćurčić et Zoran Gajić, du GKP, Grupa za konceptualnu politiku, ou Group for Conceptual Politics (GCP), fondé en 2011 à Novi Sad, Serbie ; Clément Dréano et Moritz Herrmann, traducteurs de l'*Anthropologie du nom*, *Anthropologie des Namens*, Vienne/Berlin, Turia + Kant, 2019.

2. Lazarus Sylvain, *Anthropologie du nom*, Paris, Seuil, 1996.

3. Aulard Alphonse, *Histoire politique de la Révolution française : origines et développement de la démocratie et de la république (1789-1804)*, Paris, Armand Colin, 1901. Mathiez Albert, *La Révolution française*, en trois volumes, Paris, Armand Colin, 1939. Lefebvre Georges, *La Révolution française*, en deux volumes, Paris, PUF, 1951-1957.

4. Clastres Pierre, *La Société contre l'État. Recherche d'anthropologie politique*, Paris, Minuit, 1974.

5. Keynes John Maynard, « Am I a Liberal ? », in *Essais de persuasion*, traduction française par Herbert Jacoby, Paris, Gallimard, 1933.

6. Marx Karl, Lettre à Joseph Weydemeyer, Londres, le 5 mars 1852. *Marx-Engels. Correspondance*, Paris, Éditions sociales, 1972, tome 3, lettre 36, p. 76-81.

7. Citons pour mémoire le premier chapitre du *Manifeste* : « L'histoire de toute société jusqu'à nos jours n'a été que l'histoire de luttes de classes. [...] Oppresseurs et opprimés, en opposition constante, ont mené une guerre ininterrompue, tantôt ouverte, tantôt dissimulée, une guerre qui finissait toujours soit par une transformation révolutionnaire de la société tout entière, soit par la destruction des deux classes en lutte. [...] Le caractère distinctif de notre époque, de l'époque de la bourgeoisie, est d'avoir simplifié les antagonismes de classes. La société se divise de plus en plus en deux vastes camps ennemis, en deux grandes classes diamétralement opposées : la bourgeoisie et le prolétariat. [...] Mais la bourgeoisie n'a pas seulement forgé les armes qui la mettront à mort ; elle a produit aussi les hommes qui manieront ces armes, les ouvriers modernes, les prolétaires. Ainsi, le développement de la grande industrie sape, sous les pieds de la bourgeoisie, le terrain même sur lequel elle a établi son système de production et d'appropriation. [...] Avant tout, la bourgeoisie produit ses propres fossoyeurs. Sa chute et la victoire du prolétariat sont également inévitables. » Marx Karl, Engels Friedrich, *Manifeste du Parti communiste*, Paris, Éditions sociales, 1966, p. 27-52.

8. *Ibid.*, p. 54.

9. Von Hirschhausen Christian, *Du combinat socialiste à l'entreprise* *capitaliste, une analyse des réformes industrielles en Europe de l'Est*, Paris, L'Harmattan, 1996.

10. Lazarus Sylvain, « Chercher ailleurs et autrement », *L'Intelligence de la politique*, Paris, Al Dante, 2013, p. 243-287.

11. Issue de la clôture de l'UCF(ml), l'Organisation politique (1985-2007) prend acte de la péremption du léninisme et du classisme. Elle développe une politique « du point des gens », « à distance de l'État » : elle n'est pas un parti mais soutient qu'il n'y a de politique qu'organisée. Elle s'investira en particulier dans les usines et dans la bataille politique pour la régularisation des ouvriers sans papiers. Ses journaux ont été *La Distance politique*, puis *Le Journal politique*.

12. Althusser Louis, « Sur la dialectique matérialiste », *Pour Marx*, Paris, Maspero, 1965.

13. Saint-Just, « Rapport sur le gouvernement révolutionnaire », 10 octobre 1793, *Œuvres complètes*, Paris, Gallimard, « Folio histoire », 2004, p. 630.

14. Pas plus qu'il ne l'est chez Lacan.

15. Le complotisme et les *fake news* prospèrent sur ce terrain.

16. Saint-Just, « Discours sur la Constitution de la France prononcé à la Convention nationale le 24 avril 1793 », *Œuvres complètes, op. cit.*, p. 536.

17. Lazarus Sylvain, *L'Intelligence de la politique, op. cit.*, p. 289-312.

18. Mao déclarait : « La révolution culturelle est au fond une révolution politique dans les conditions de la dictature du prolétariat. » Il déclarait également : « La question de savoir qui va l'emporter en Chine du socialisme ou du capitalisme n'est pas tranchée. »

19. Althusser Louis, « Le Marxisme comme théorie "finie" », in *Solitude de Machiavel*, Paris, PUF, 1998, p. 286. Je remercie Moritz Herrmann de m'avoir rappelé l'existence de ce passage.

20. Clausewitz, « Turbulences », *De la Révolution à la Restauration. Écrits et lettres*, Paris, Gallimard, 1976, p. 389.

21. Lazarus Sylvain, Nioche Claire, *Mai 68, la politique et l'histoire*, auto-édition, 2008, 48 pages.

22. Lénine, *La Maladie infantile du communisme, Œuvres choisies*, tome 3, Moscou, Éditions du Progrès, s.d., p. 473.

23. Saint-Just, *Œuvres complètes, op. cit.*, p. 363.

24. *Ibid.*, p. 364.

25. *Ibid.*, p. 366.

26. Tocqueville, *L'Ancien Régime et la Révolution*, Paris, Garnier-Flammarion, 1993, p. 84-85.

27. *Ibid.*, p. 85.

28. Clausewitz, « Turbulences », *De la Révolution à la Restauration, op. cit.*, p. 394-395.

29. *Ibid.*, p. 395.

30. Sylvain Lazarus, « Peut-on penser la politique en intériorité ? », *L'Intelligence de la politique, op. cit.*, p. 99.

31. Ligne des syndicalistes prolétariens de l'UJC(ml), « Servir le peuple ».

32. En avril 1960, le *Quotidien du peuple*, organe du comité central du Parti communiste chinois, publie une série d'articles de critique de la politique de l'URSS sous l'intitulé : « Vive le léninisme ».

33. Cf. entretien au *Times* de Maurice Thorez, le 18 novembre 1946.

34. Jean Bigiaoui, ami de longue date puisqu'il était au Comité Vietnam de base Daguerre (Paris XIVᵉ) tandis que j'étais au Comité Vietnam de base Plaisance (Paris XIVᵉ), a bien voulu relire l'ensemble des *Chronologies*, avec sa rigueur sourcilleuse. Qu'il soit remercié ici.

35. Je vais largement m'appuyer sur le livre excellent d'Alain Delale et Gilles Ragache, *La France de 68*, Paris, Seuil, 1978.

36. *Ibid.*, p. 88-89. Il y avait à l'entrée de certaines usines des mannequins en paille ou en papier figurant le patron ou le contremaître.

37. Un décret présidentiel du 12 juin 1968 interdit une dizaine d'organisations et de groupes : Jeunesse communiste révolutionnaire (JCR), Voix ouvrière (VO), Groupes « Révoltes », Union des jeunesses communistes marxistes-léninistes (UJC[ml]), Parti communiste internationaliste (PCI), Parti communiste marxiste-léniniste de France (PCMLF), Organisation communiste internationaliste (OCI), Mouvement du 22 mars.

38. En 1968, la lutte était présentée comme le registre majeur de la politique. Quelques affiches en exemple : « La lutte continue au chantier de construction métallique de Provence », « Pour la lutte de tous les travailleurs, les métallos tiendront », « Vive la lutte des travailleurs dans toutes les entreprises », « Maine-Montparnasse, la lutte continue », « À l'exemple de Renault, continuons à lutter », « Vive la lutte exemplaire des ouvriers de Flins », « Continuez la lutte – comité d'action RATP », « La lutte vaincra ».

39. En 1978, dans une brochure intitulée « Un bilan de Mai 68 », j'écrivais : « Si on parle de 68 en ce moment, c'est un peu à cause du dixième anniversaire, c'est surtout parce que l'union de la gauche c'était, vu par le PCF et le PS, *le bilan de 68*, du moins celui qu'eux voulaient en tirer et pouvaient en tirer. Maintenant qu'il n'y a plus d'union de la gauche, que PS et PCF font de la politique en leurs noms propres, en tant que partis et non plus derrière un "programme", Mai 68 revient à la surface, comme si le programme commun avait tenté d'y être une réponse ou de le masquer, et que l'échec du programme commun, l'échec de cette réponse-là, donc, ramenait aux questions initiales, à ce qui en était la matière, c'est-à-dire 68. C'est là que commence une nouvelle histoire encore balbutiante : avec et après 68 les temps sont nouveaux. Quelle nouveauté ? Où la voir ? Où la lire ? Dans sa quête, dans sa propre recherche, inlassable depuis dix ans, et marqué par deux retentissants échecs, celui de la Gauche prolétarienne en 1973 et celui de l'union de la gauche en 1978. »

40. Lazarus Sylvain, *Anthropologie du nom, op. cit.*, p. 19.

41. Lazarus Sylvain, Nioche Claire, *Mai 68, la politique et l'histoire, op. cit.*

42. Voir Christian von Hirschhausen, *Du combinat socialiste à l'entreprise capitaliste, op. cit.* Sylvain Lazarus, *L'Intelligence de la politique, op. cit.*, p. 243 *sqq.*

43. À tel point qu'un peu plus tard le ministre de l'Intérieur fera fermer les antennes relais de ces deux radios. Alors les journalistes, pour continuer à transmettre ce qui se passe dans la rue, n'hésiteront pas à sonner chez les gens pour leur demander d'utiliser le téléphone.

44. Lazarus Sylvain, *Anthropologie du nom, op. cit.*, p. 11.

45. Bloch Marc, *Apologie pour l'histoire*, Paris, Armand Colin, 1993, p. 95.

46. CGTU : Confédération générale des travailleurs unifiés (1921-1936), scission de la CGT très liée au PCF et à l'Internationale communiste.

47. Brecht Bertolt, *Journal de travail. 1938-1955*, Paris, L'Arche, 1976, p. 47. La ponctuation est celle de Brecht.

48. Finley Moses, *L'Invention de la politique*, Paris, Flammarion, 1985, p. 30. Laski Harold, *The State in Theory and Practice*, New York, The Viking Press, 1935, p. 57-58.

49. Les Gilets jaunes, le mouvement contre la réforme des retraites, l'engagement et la solidarité pendant le premier confinement…

Daniel Bensaïd, *Tout est encore possible*. Entretiens avec Fred Hilgemann.

Amal Bentounsi, Antonin Bernanos, Julien Coupat, David Dufresne, Eric Hazan, Frédéric Lordon, *Police*.

Marc Bernard, *Faire front. Les journées ouvrières des 9 et 12 février 1934*. Introduction de Laurent Lévy.

Jacques Bidet, *Foucault avec Marx*.

Bertrand Binoche, *« Écrasez l'infâme ! » Philosopher à l'âge des Lumières*.

Ian H. Birchall, *Sartre et l'extrême gauche française. Cinquante ans de relations tumultueuses*.

Auguste Blanqui, *Maintenant, il faut des armes*. Textes présentés par Dominique Le Nuz.

Félix Boggio Éwangé-Épée & Stella Magliani-Belkacem, *Les féministes blanches et l'empire*.

Bruno Bosteels, *Alain Badiou, une trajectoire polémique*.

Houria Bouteldja, *Les Blancs, les Juifs et nous. Vers une politique de l'amour révolutionnaire*.

Alain Brossat, *Pour en finir avec la prison*.

Philippe Buonarroti, *Conspiration pour l'égalité dite de Babeuf*. Présentation de Sabrina Berkane.

Pilar Calveiro, *Pouvoir et disparition. Les camps de concentration en Argentine*.

Laurent Cauwet, *La domestication de l'art. Politique et mécénat*.

Grégoire Chamayou, *Les chasses à l'homme*.

Grégoire Chamayou, *Théorie du drone*.

Grégoire Chamayou, *La société ingouvernable. Une généalogie du libéralisme autoritaire*.

Louis Chevalier, *Montmartre du plaisir et du crime*. Préface d'Eric Hazan.

Ismahane Chouder, Malika Latrèche, Pierre Tevanian, *Les filles voilées parlent*.

George Ciccariello-Maher, *La révolution au Venezuela. Une histoire populaire*.

Cimade, *Votre voisin n'a pas de papiers. Paroles d'étrangers*.

Julien Cohen-Lacassagne, *Berbères juifs. L'émergence du monothéisme en Afrique du Nord*. Préface de Shlomo Sand.

Comité invisible, *À nos amis*.

Comité invisible, *L'insurrection qui vient*.

Comité invisible, *Maintenant*.

Clifford D. Conner, *Marat. Savant et tribun*

Angela Davis, *Une lutte sans trêve*. Textes réunis par Frank Barat.

Joseph Déjacque, *À bas les chefs ! Écrits libertaires*. Présenté par Thomas Bouchet.

Christine Delphy, *Classer, dominer. Qui sont les « autres » ?*

Alain Deneault, *Offshore. Paradis fiscaux et souveraineté criminelle*.

Raymond Depardon, *Images politiques*.

Raymond Depardon *Le désert, allers et retours.* Propos recueillis par Eric Hazan

Donatella Di Cesare, *Un virus souverain. L'asphyxie capitaliste.*

Yann Diener, *On agite un enfant. L'État, les psychothérapeutes et les psychotropes.*

Cédric Durand (coord.), *En finir avec l'Europe.*

Dominique Eddé, *Edward Said, le roman de sa pensée*

Éric Fassin, Carine Fouteau, Serge Guichard, Aurélie Windels, *Roms & riverains. Une politique municipale de la race.*

Silvia Federici, *Le capitalisme patriarcal.*

Silvia Federici, *Une guerre mondiale contre les femmes. Des chasses aux sorcières au féminicide.*

Norman G. Finkelstein, *L'industrie de l'holocauste. Réflexions sur l'exploitation de la souffrance des Juifs.*

Joëlle Fontaine, *De la résistance à la guerre civile en Grèce. 1941-1946.*

Charles Fourier, *Vers une enfance majeure.* Textes présentés par René Schérer.

Françoise Fromonot, *La comédie des Halles. Décor et mise en scène.*

Isabelle Garo, *L'idéologie ou la pensée embarquée.*

Florent Gabarron-Garcia, *Histoire populaire de la psychanalyse.*

Gabriel Gauny, *Le philosophe plébéien.* Textes rassemblés et présentés par Jacques Rancière.

Antonio Gramsci, *Guerre de mouvement et guerre de position.* Textes choisis et présentés par Razmig Keucheyan.

Christophe Granger, *La destruction de l'université française.*

Daniel Guérin, *Autobiographie de jeunesse. D'une dissidence sexuelle au socialisme.*

Chris Harman, *La révolution allemande 1918-1923*

Amira Hass, *Boire la mer à Gaza, chroniques 1993-1996.*

Eric Hazan, *Chronique de la guerre civile.*

Eric Hazan, *Notes sur l'occupation. Naplouse, Kalkilyia, Hébron.*

Eric Hazan, *Paris sous tension.*

Eric Hazan, *Une histoire de la Révolution française.*

Eric Hazan & Eyal Sivan, *Un État commun. Entre le Jourdain et la mer.*

Eric Hazan & Kamo, *Premières mesures révolutionnaires.*

Eric Hazan, *La dynamique de la révolte. Sur des insurrections passées et d'autres à venir.*

Eric Hazan, *Pour aboutir à un livre.* Entretiens avec Ernest Moret.

Eric Hazan, *À travers les lignes. Textes politiques.*

Eric Hazan, *Balzac, Paris*.

Eric Hazan, *Le tumulte de Paris*.

Henri Heine, *Lutèce. Lettres sur la vie politique, artistique et sociale de la France*. Présentation de Patricia Baudoin.

Victor Hugo, *Histoire d'un crime*. Préface de Jean-Marc Hovasse, notes et notice de Guy Rosa.

Hongsheng Jiang, *La Commune de Shanghai et la Commune de Paris*.

Raphaël Kempf, *Ennemis d'État. Les lois scélérates des anarchistes aux terroristes*.

Sadri Khiari, *La contre-révolution coloniale en France. De de Gaulle à Sarkozy*.

Stathis Kouvélakis, *Philosophie et révolution. De Kant à Marx*.

Georges Labica, *Robespierre. Une politique de la philosophie*. Préface de Thierry Labica.

Yitzhak Laor, *Le nouveau philosémitisme européen et le « camp de la paix » en Israël*.

Henri Lefebvre, *La proclamation de la Commune. 26 mars 1871*.

Lénine, *L'État et la révolution*.

Mathieu Léonard, *L'émancipation des travailleurs. Une histoire de la Première Internationale*.

Gideon Levy, *Gaza. Articles pour Haaretz, 2006-2009*.

Laurent Lévy, *« La gauche », les Noirs et les Arabes*.

Frédéric Lordon, *Capitalisme, désir et servitude. Marx et Spinoza*.

Frédéric Lordon, *Imperium. Structures et affects des corps politiques*.

Frédéric Lordon, *Vivre sans ? Institutions, police, argent, travail*. Conversation avec Félix Boggio Éwanjé-Épée.

Frédéric Lordon, *Figures du communisme*.

Herbert R. Lottman, *La chute de Paris, 14 juin 1940*.

Pierre Macherey, *De Canguilhem à Foucault. La force des normes*.

Pierre Macherey, *La parole universitaire*.

Gilles Magniont & Yann Fastier, *Avec la langue. Chroniques du « Matricule des anges »*.

Andreas Malm, *L'anthropocène contre l'histoire. Le réchauffement climatique à l'ère du capital*.

Andreas Malm, *Comment saboter un pipeline*.

Andreas Malm, *La chauve-souris et le capital. Stratégie pour l'urgence chronique*.

Karl Marx, *Sur la question juive*. Présenté par Daniel Bensaïd.

Karl Marx & Friedrich Engels, *Inventer l'inconnu. Textes et correspondance autour de la Commune*. Précédé de « Politique de Marx » par Daniel Bensaïd.

Albert Mathiez, *La réaction thermidorienne*. Présentation de Yannick Bosc et Florence Gauthier.

Louis Ménard, *Prologue d'une révolution (fév.-juin 1848)*. Présenté par Maurizio Gribaudi.

Natacha Michel, *Le roman de la politique*.

Jean-Yves Mollier, *Une autre histoire de l'édition française*.

Marie José Mondzain, *K. comme Kolonie. Kafka et la décolonisation de l'imaginaire*.

Elfriede Müller & Alexander Ruoff, *Le polar français. Crime et histoire*.

Alain Naze, *Manifeste contre la normalisation gay*.

Olivier Neveux, *Contre le théâtre politique*.

Dolf Oehler, *Juin 1848, le spleen contre l'oubli. Baudelaire, Flaubert, Heine, Herzen, Marx*.

Ilan Pappé, *La guerre de 1948 en Palestine. Aux origines du conflit israélo-arabe*.

François Pardigon, *Épisodes des journées de juin 1848*.

La Parisienne Libérée, *Le nucléaire, c'est fini*.

Karine Parrot, *Carte blanche. L'État contre les étrangers*.

Nathalie Quintane, *Les années 10*.

Nathalie Quintane, *Ultra-Proust. Une lecture de Proust, Baudelaire, Nerval*.

Nathalie Quintane, *Un hamster à l'école*

Alexander Rabinowitch, *Les bolcheviks prennent le pouvoir. La révolution de 1917 à Petrograd*.

Jacques Rancière, *Le partage du sensible. Esthétique et politique*.

Jacques Rancière, *Le destin des images*.

Jacques Rancière, *La haine de la démocratie*.

Jacques Rancière, *Le spectateur émancipé*.

Jacques Rancière, *Moments politiques. Interventions 1977-2009*.

Jacques Rancière, *Les écarts du cinéma*.

Jacques Rancière, *La leçon d'Althusser*.

Jacques Rancière, *Le fil perdu. Essais sur la fiction moderne*.

Jacques Rancière, *En quel temps vivons-nous ? Conversation avec Eric hazan*.

Jacques Rancière, *Les temps modernes. Art, temps, politique*.

Jacques Rancière, *Le temps du paysage. Aux origines de la révolution esthétique*.

Jacques Rancière, *Les mots et les torts*. Dialogue avec Javier Bassas.

Jacques Rancière, *Les trente inglorieuses. Scènes politiques. 1991-2021*.

Textes rassemblés par J. Rancière & A. Faure, *La parole ouvrière 1830-1851*.

Amnon Raz-Krakotzkin, *Exil et souveraineté. Judaïsme, sionisme et pensée binationale*.

Tanya Reinhart,

Détruire la Palestine, ou comment terminer la guerre de 1948.

Tanya Reinhart,
L'héritage de Sharon.
Détruire la Palestine, suite.

Mathieu Rigouste, *La domination policière. Une violence industrielle.*

Robespierre,
Pour le bonheur et pour la liberté.
Discours choisis.

Paul Rocher, *Gazer, mutiler, soumettre. Politique de l'arme non létale.*

Kristin Ross, *L'imaginaire de la Commune.*

Julie Roux, *Inévitablement (après l'école).*

Christian Ruby, *L'interruption. Jacques Rancière et le politique.*

Alain Rustenholz, *De la banlieue rouge au Grand Paris. D'Ivry à Clichy et de Saint-Ouen à Charenton.*

Malise Ruthven, *L'Arabie des Saoud. Wahhabisme, violence et corruption.*

Gilles Sainati & Ulrich Schalchli, *La décadence sécuritaire.*

Julien Salingue, *La Palestine des ONG. Entre résistance et collaboration.*

Thierry Schaffauser, *Les luttes des putes.*

André Schiffrin,
L'édition sans éditeurs.

André Schiffrin,
Le contrôle de la parole.
L'édition sans éditeurs, suite.

André Schiffrin,
L'argent et les mots.

Ivan Segré, *Judaïsme et révolution.*

Ivan Segré, *Le manteau de Spinoza. Pour une éthique hors la Loi.*

Ella Shohat, *Le sionisme du point de vue de ses victimes juives. Les juifs orientaux en Israël.*

Eyal Sivan & Armelle Laborie, *Un boycott légitime. Pour le BDS universitaire et culturel d'Israël.*

Patricia Sorel, *Petite histoire de la librairie française.*

Jean Stern, *Les patrons de la presse nationale. Tous mauvais.*

Marcello Tarì, *Autonomie ! Italie, les années 1970.*

N'gugi wa Thiong'o,
Décoloniser l'esprit.

E.P. Thompson,
Temps, discipline du travail et capitalisme industriel.

Tiqqun, *Théorie du Bloom.*

Tiqqun, *Contributions à la guerre en cours.*

Tiqqun, *Tout a failli, vive le communisme !*

Alberto Toscano,
Le fanatisme. Modes d'emploi.

Enzo Traverso,
La violence nazie, une généalogie européenne.

Enzo Traverso,
Le passé : modes d'emploi.
Histoire, mémoire, politique.

Françoise Vergès, *Un féminisme décolonial.*

Françoise Vergès, *Une théorie féministe de la violence. Pour une politique antiraciste de la protection.*

Louis-René Villermé, *La mortalité dans les divers quartiers de Paris.*

Arnaud Viviant, *Cantique de la critique.*

Sophie Wahnich, *La liberté ou la mort. Essai sur la Terreur et le terrorisme.*

Michel Warschawski (dir.), *La révolution sioniste est morte. Voix israéliennes contre l'occupation, 1967-2007.*

Michel Warschawski, *Programmer le désastre. La politique israélienne à l'œuvre.*

Eyal Weizman, *À travers les murs. L'architecture de la nouvelle guerre urbaine.*

Zetkin Collective, *Fascisme fossile. L'extrême droite, l'énergie, le climat.*

Slavoj Žižek, *Mao. De la pratique et de la contradiction.*

Patrick Zylberman, *Oublier Wuhan. Essais sur l'histoire contemporaine des crises sanitaires.*

Collectif, *Contre l'arbitraire du pouvoir. 12 propositions.*

Collectif, *Le livre : que faire ?*

Cet ouvrage a été achevé d'imprimer
par l'Imprimerie Floch
à Mayenne en janvier 2022.
Numéro d'impression : 99639.
Dépôt légal : janvier 2022.
Imprimé en France.